J'EN AI TELLEMENT VU

DU MÊME AUTEUR

La Clé des champs, Odile Jacob, 1994

Le Pari du bon sens : un paysan en politique, L'Atelier de l'Archer, Presses universitaires de France, 1999

Le Bon Sens en politique, Eyrolles, 2011

CHRISTIAN JACOB

J'EN AI TELLEMENT VU

Robert Laffont

ISBN : 978-2-221-25877-4

Dépôt légal : septembre 2021
Éditions Robert Laffont – 92, avenue de France 75013 Paris

Merci à Cécile Richez
et à Marie-Ève Malouines
pour leur étroite collaboration.

À Marie-Odile, mon épouse,
nos enfants et leurs conjoints,
Clément et Marie, Pauline et Vincent,
et nos petits-enfants, Victor,
Margaux, Philomène et Aliénor

Avant-propos

L'exercice du pouvoir est très souvent un exercice solitaire. Je le sais pour avoir, en quarante ans de vie publique, dirigé des organisations agricoles, un syndicat, une ville, une communauté de communes, un groupe parlementaire, différents ministères et aujourd'hui un parti politique.

Pour certains, le plaisir ultime c'est l'instant où se prend la décision. Pour moi, c'est tout ce qui précède : l'écoute, les moments de débats, l'affrontement et toute cette émulation qui va donner naissance à la décision. J'aime le collectif et la diversité dans le collectif. Je ne sais pas si cela remonte à mon enfance. Mes parents étaient très aimants, mais j'étais fils unique. À l'âge de dix ans, j'ai donc apprécié d'être pensionnaire aux collèges Saint-Laurent à Lagny puis Sainte-Croix à Provins et enfin au lycée agricole Sainte-Maure dans l'Aube. J'y ai découvert les sports d'équipe – le foot et le rugby – et les punitions collectives :

après de belles bêtises qui nous avaient réunis dans le rire, elles soudaient nos amitiés.

Je ne suis pas carriériste, au sens où je n'ai jamais eu de plan de carrière. Lorsque à vingt ans je suis président cantonal des Jeunes Agriculteurs, je n'imagine pas un jour devenir président national du syndicat et encore moins établir un parcours ou une stratégie pour y parvenir. De même que lorsque je deviens député européen, je n'imagine pas que je serai ensuite député national, ministre, président de groupe parlementaire ou président de parti politique. Contrairement à beaucoup de mes amis dans ce milieu, je ne suis pas un joueur d'échecs. Je suis un pragmatique, avec une certaine intelligence de situation. Je ne suis pas certain que ce soit obligatoirement une qualité, mais disons que, jusque-là, ça ne m'a pas trop mal servi. Là où j'éprouve du plaisir à bâtir une stratégie à plusieurs coups, c'est lorsque je porte un objectif qui dépasse ma personne et dont le résultat est attendu par ceux qui m'ont accordé leur confiance. Je sais alors y mettre toute mon énergie et ma détermination.

*

Je me suis investi dans le syndicalisme en même temps que j'ai arrêté mes études, à dix-sept ans. Ça a été pour moi une formidable école de la vie.

J'y ai tout appris : diriger des équipes, défendre une cause, s'opposer, négocier, gérer des queues de manifs violentes, tenir une salle de congrès, engranger les victoires, encaisser les défaites.

Ce sont aussi mes responsabilités syndicales qui m'ont permis de rencontrer Jacques Chirac en 1988. Cette rencontre fut pour moi déterminante. Elle m'amènerait six ans plus tard à répondre à son appel et à quitter le syndicalisme pour devenir député européen, à quelques semaines du démarrage de la campagne présidentielle de 1995. De la camaraderie syndicale (les Jeunes Agriculteurs et la FNSEA, ce n'est pas vraiment la CGT, mais pour autant la camaraderie existe), je passe au compagnonnage et à l'esprit de résistance des gaullistes. Je m'y sens parfaitement à l'aise et je m'y épanouis totalement ; il faut dire que l'admiration, l'affection et le grand respect que j'ai pour Jacques Chirac y contribuent beaucoup.

Cette envie de défendre une cause commune fait la noblesse du combat politique. C'est ce qui m'a toujours animé durant ces quarante ans de vie publique et m'a conduit, dans un contexte bien particulier, en 2019, à la présidence du parti Les Républicains.

Je l'ai affirmé d'entrée de jeu à ce moment-là, j'étais candidat en vue de bâtir un projet d'alternance pour la France, à partir du terrain, avec nos militants et nos élus, avec nos différences à la marge et nos valeurs communes au cœur. En m'accordant leur confiance à près de 63 % des votes dès le premier tour, les militants ont parfaitement saisi ma démarche.

Ils ne cessent de la conforter depuis. Ils sentent que mon ambition n'a rien de personnel. Ils ont bien compris que je l'inscris dans un collectif. Je ne fais pas tout ce travail pour moi, mais parce que, à mes yeux, il est de l'intérêt du pays que ce projet, construit depuis la réalité du terrain, l'emporte aux élections de 2022.

*

En tant que responsable syndical ou politique, j'ai toujours cherché à créer l'adhésion à mes convictions. Je n'avance jamais masqué. Bien sûr, on peut devenir très populaire en dénonçant très haut les erreurs des autres et en adaptant discrètement ses convictions au gré du vent. Marine Le Pen a choisi cette posture.

Ces dernières années, nous avons payé pour voir où mène une victoire acquise sur le seul refus de l'autre finaliste. Les deux derniers présidents élus doivent plus leur victoire au rejet de leurs adversaires qu'à l'adhésion à leur projet, dont certains points sont restés obscurs. Une fois arrivés aux manettes, ils n'ont pas de boussole et sont attentifs à ne fâcher personne. Ils ne gouvernent pas, ils réagissent successivement aux événements, sans aucune cohérence. Résultat, le pays plonge dans l'incompréhension, quand ce n'est pas dans la colère.

L'hésitation et les réajustements permanents donnent un sentiment d'incapacité. L'action politique en général s'en trouve dévalorisée. Les Français ont le sentiment de ne pas être entendus par un pouvoir qui dissimule soit son impuissance, soit son manque de cohérence. Les extrêmes, de droite comme de gauche, prospèrent sur cette amertume, bien qu'ils n'apportent aucune solution. Quant à la gauche dite de gouvernement, l'expérience de 2012 a montré qu'elle était incapable de s'accorder sur ses priorités.

Je suis au contraire convaincu que c'est en affichant clairement leurs intentions que les acteurs politiques redeviendront crédibles. L'ambiguïté nourrit forcément la déception. La clarté peut amener la contestation, mais au moins le débat contradictoire existe. C'est la base même du système démocratique.

Les Français ont besoin de reprendre confiance en eux, en retrouvant la force de leur identité. La crise sanitaire du Covid a révélé un pays dans un état de délabrement qu'ils ne soupçonnaient pas. Le pays est déclassé, le système de santé débordé, l'industrie essoufflée, l'Éducation nationale inefficace, la population exaspérée par la violence, l'État désemparé. Nos concitoyens ne sont pas résignés pour autant. Ceux que je rencontre ont envie de reprendre les choses en main. Il faut savoir leur accorder notre confiance et leur donner les moyens de faire fructifier nos atouts. Mais il apparaît clairement qu'un peu plus de méthode et d'expérience politique sera nécessaire pour relancer la machine.

Je ne crois pas que l'on puisse reconstruire une nation forte en opposant les citoyens les uns aux autres, les jeunes aux vieux, les urbains aux ruraux, les catégories supérieures ou moyennes aux catégories populaires, les modernes aux ringards, les femmes aux hommes.

Ce sursaut dépend moins d'une personne que d'une méthode. Dans ce récit fondé sur mon expérience personnelle, j'essaie de tirer les enseignements de ce que j'ai appris sur la pratique du pouvoir.

N'étant pas issu de la filière habituelle, j'ai toujours adopté un regard distancié. « Il faut quand même relativiser » est en quelque sorte ma devise. J'ai vu tant de jeunes responsables se prendre trop au sérieux. Croire un peu vite qu'ils avaient tout compris et qu'ils en savaient suffisamment pour diriger le monde.

En politique, la réussite exige un minimum d'expérience et de sang-froid. Étant entendu que, pour moi, la réussite, ce n'est pas d'être élu ou nommé ministre. La vraie réussite se joue après, quand on se dépasse pour appliquer ses convictions au service des autres. Car, j'en suis profondément convaincu, la passion de la politique est d'abord et avant tout celle de l'intérêt général.

Il est grand temps aujourd'hui de s'en souvenir. C'est ce qui a toujours guidé mon action et la guidera dans les mois qui viennent.

1

Un jeune syndicaliste face aux hommes de pouvoir

J'ai donc commencé en étant agriculteur. Éleveur de vaches laitières en Seine-et-Marne. Au début des années 90, j'ai passé le cap de la trentaine ; je suis marié depuis bientôt dix ans ; nous avons deux enfants. Ma ferme s'est bien agrandie. Après avoir gravi un à un les échelons du syndicalisme, je suis élu président du CNJA en 1992. Bientôt, je vais totalement basculer dans la politique, et grimper d'autres échelons.

L'engagement politique n'est pas, pour moi, une vocation ancrée depuis l'enfance. Je n'y pense même pas. Je m'épanouis totalement dans le syndicalisme. Les choix politiques ne suscitent aucun grand débat. Dans ma famille, où l'on jauge les gens à leur humanité et à leur droiture autant qu'à leur capacité de travail, être de droite relève de l'évidence.

En tant que responsable des Jeunes Agriculteurs, je vais être amené à prendre langue avec le pouvoir socialiste. Je vais découvrir Pierre Bérégovoy et François Mitterrand. Deux hommes radicalement différents.

*

J'ai déjà rencontré Jacques Chirac quelques années auparavant. J'avais été complètement séduit par l'homme, par son humanisme et sa bienveillance naturelle, autant que par son dynamisme et, bien sûr, par sa connaissance du monde agricole. Jacques Chirac était curieux de tout et surtout des gens.

C'est par curiosité qu'il m'avait appelé lui-même, au téléphone, en tant que jeune cadre du CNJA à l'époque. Il souhaitait faire ma connaissance et me proposait de venir le rencontrer à Paris. Quand je lui ai répondu, un peu embarrassé, que je ne pouvais pas me déplacer tout de suite parce qu'il fallait que je nourrisse mes vaches, loin de s'offusquer, le président du RPR s'est enquis aussitôt de savoir si je nourrissais mes bêtes avec du foin ou de l'ensilage.

Tout au long de notre première discussion, peu de temps après, pendant une heure et demie à l'Hôtel de Ville de Paris, il fait montre de la même curiosité chaleureuse. Il m'interroge sur mon exploitation, ma famille, mes responsabilités syndicales, la situation des jeunes agriculteurs. Notre entente est immédiate.

J'appréciais l'ancien ministre de l'Agriculture, je suis désormais totalement acquis à Chirac. Il sera mon mentor, celui qui me révélera à moi-même. Il me poussera à prendre des responsabilités auxquelles je n'aurais jamais pensé. Grâce à lui, je ferai des rencontres inoubliables. Je connaîtrai d'immenses joies et des moments de peine aussi, malheureusement. J'ignore encore tout cela, mais, dès cette première rencontre, je sais que je serai toujours fidèle à son humanité.

*

Malgré mon admiration sans bornes pour Jacques Chirac, je tisse un lien assez chaleureux avec le Premier ministre socialiste Pierre Bérégovoy.

Nommé à Matignon moins d'un an avant des élections législatives qui s'annoncent désastreuses pour son camp, il se montre maladroit face à la furieuse envie de la droite de revenir aux affaires. Sa déclaration de politique générale à l'Assemblée témoigne de l'usure du pouvoir socialiste, miné par les affaires et son impuissance face au chômage. Quelques mois plus tard, François Mitterrand se désolera : « Dans la lutte contre le chômage, on a tout essayé. » Le pays lui est hostile, mais le Premier ministre socialiste essaie de mener à bien quelques réformes durant le peu de temps qu'il lui reste.

Lorsque je le rencontre dans son bureau à Matignon, Pierre Bérégovoy m'accueille sans acrimonie. Pourtant, ma proximité avec Chirac ne fait aucun doute, même si je me défends de tout engagement politique. Le Premier ministre m'apparaît d'un abord assez simple, plutôt convivial. Il est évident que nous ne partageons pas les mêmes options politiques, mais avec lui, les discussions avancent. Il est concret. Il dit ce qu'il pense. Je le sais sincèrement sensible aux difficultés des jeunes agriculteurs qui ont du mal à s'installer, tandis que les plus âgés peinent à profiter de la retraite tant leurs conditions de travail sont difficiles. Nous parvenons à mettre au point un système de préretraite qui permet à un agriculteur d'anticiper son départ s'il confie son exploitation à un jeune.

Outre sa simplicité dans les relations humaines, Pierre Bérégovoy se montre pragmatique, loyal et fidèle à la parole donnée.

*

J'en reste à cette approche républicaine quand les services de l'Élysée m'appellent pour m'inviter à rencontrer le président Mitterrand. Ils m'indiquent que le chef de l'État veut s'entretenir avec moi des problèmes des jeunes agriculteurs, que je représente. On me suggère que l'entretien pourrait être assez long, d'une heure environ.

Cette perspective est une opportunité bienvenue pour la cause que je défends. Je prépare le rendez-vous avec méthode, en listant tous les thèmes que j'envisage d'aborder avec François Mitterrand et sur lesquels il est important pour mon syndicat de sensibiliser le président de la République. Je hiérarchise mes priorités avec application. Je connais tous mes arguments sur le bout des doigts.

En arrivant à l'Élysée, il faut bien admettre que je suis un peu intimidé. La presse est là, qui viendra recueillir mes impressions à l'issue de l'entretien.

François Mitterrand m'accueille dans son bureau de sa voix susurrée, mais cinglante. « Vos amis vont gagner les prochaines élections », siffle-t-il sans attendre.

Mes « amis »… Je tente de contester la force de ce lien dont je sais qu'il pourrait placer notre rencontre sous de mauvais auspices. J'ai ma liste de sujets agricoles et, bien évidemment, les enjeux politiques électoraux n'en font pas partie. Mais François Mitterrand insiste. Visiblement, il n'a rien perdu des déclarations que j'ai faites peu de temps auparavant lors du Salon de l'agriculture. J'y ai dit toute ma sympathie pour l'homme Jacques Chirac. Mais cet homme est aussi le président du RPR, chef de l'opposition décidée à s'imposer lors des prochaines législatives. L'objectif sera clairement affiché lors des assises du mouvement gaulliste, peu après, où les militants scanderont à pleins poumons devant les caméras : « Chirac à l'Élysée, Mitterrand à Latche ! » Je n'ai pas entonné un refrain aussi engagé, mais enfin, mon enthousiasme a été retransmis en images et en direct depuis la plus grande ferme de France. Visiblement, mes mots ont porté jusque dans les couloirs feutrés du palais de l'Élysée.

En quelques phrases, le vieux président au visage parcheminé me fait comprendre que je ne suis pas de taille pour essayer de le contredire. Il n'élève pas la voix. Au contraire, il me corrige d'un ton presque badin qui me semble d'autant plus glaçant. Je ne proteste plus, j'ai hâte d'en arriver à ce qui constitue l'essentiel de cette rencontre. Je garde en tête les sujets que je compte aborder. Mais, de la même voix faussement doucereuse, le président Mitterrand m'annonce qu'il est content d'avoir pu faire ma connaissance. Sans autre forme de procès, après cet échange de quelques minutes, le monarque met un terme à notre entretien. Je ne peux que me lever et prendre poliment congé du président de la République.

Le vieil animal politique m'a volontairement induit en erreur sur la durée de notre entretien. Je me retrouve démuni face aux journalistes qui se demandent pourquoi celui-ci a été écourté. Ils veulent savoir quels thèmes ont été abordés. Si j'ai obtenu des assurances.

Comment leur expliquer que le président machiavélique s'est joué de moi avec préméditation simplement parce que j'avais dit du bien de son rival ?

J'étais un trop petit poisson pour justifier une telle cruauté de la part de ce grand carnassier. On ne m'y reprendra plus.

2

La première rencontre avec Nicolas Sarkozy

Nous sommes en 2010. Je me trouve dans le bureau de Nicolas Sarkozy, président de la République depuis trois ans. Nous nous regardons comme deux hommes de la même famille politique que tout a séparés en 1994. Je soutenais Jacques Chirac. Il soutenait Édouard Balladur. Entre nous, les blessures sont profondes.

Je sais qu'il a magistralement géré la crise de 2008. Il a clairement démontré qu'il est un vrai président et un véritable homme d'État. Il a fait le tour des capitales européennes pour convaincre nos partenaires avec une détermination extraordinaire. J'ai apprécié son énergie, sa réactivité, sa force de conviction, ainsi que son calme dans la tempête. Plus la tempête est violente, plus Nicolas Sarkozy est dans son élément. Il en a fait la démonstration.

De mon côté, depuis trois ans, je suis président de la commission du développement durable et de l'aménagement du territoire nouvellement créée à mon initiative, à l'Assemblée. J'ai été ministre de Jacques Chirac pendant toute la durée de son second mandat.

Dans ce bureau présidentiel que je connais bien, Nicolas Sarkozy m'a fait venir pour essayer de recoller les morceaux. Depuis quelque temps déjà, il multiplie les gestes d'apaisement. Cette fois-ci, le message est explicite : « J'ai besoin de toi. Je veux travailler avec tout le monde. »

*

Il serait faux de croire que mes rapports avec Nicolas Sarkozy se limitent à la rancœur du chiraquien envers le balladurien.

Au contraire, mon histoire avec lui a commencé sous de bons auspices par une belle relation personnelle doublée d'une certaine admiration pour le jeune politique qu'il était à l'époque.

J'ai connu Nicolas Sarkozy en 1993, alors que j'étais président du CNJA dans le cadre de la négociation du GATT, le vaste accord de libre-échange signé en 1994 avant de se transformer en une structure beaucoup plus imposante, l'OMC.

Cette négociation est primordiale pour les agriculteurs français. Nous allons d'un ministère à l'autre plaider notre cause et essayer de faire comprendre la portée de la moindre virgule dans cet accord commercial pour le monde paysan. Le dossier est excessivement technique et demande une connaissance approfondie des plus petits rouages des secteurs concernés. Une grosse responsabilité pèse sur les épaules des dirigeants syndicaux et j'en prends toute ma part. Je suis bien déterminé à ne négliger aucun effort pour être fidèle au mandat que j'ai reçu.

Bizarrement, le ministre de l'Agriculture de l'époque, Jean Puech, ne se montre guère réceptif. Il ne comprend jamais vraiment où je veux en venir. Pourtant, c'est lui qui devrait porter la voix des agriculteurs et peser sur les arbitrages. Je lui en ai longtemps voulu mais, il faut bien le reconnaître, entre nous le courant ne passait pas. De plus, je n'ai pas d'atomes crochus avec le Premier ministre, Édouard Balladur.

Comment me faire entendre sans interlocuteur valable ? Pour sortir de cette impasse, je frappe à toutes les portes ministérielles. Et je finis par trouver deux alliés solides en la personne de Gérard Longuet, ministre de l'Industrie et du Commerce extérieur, et de Nicolas Sarkozy, ministre du Budget et porte-parole du gouvernement.

Ces deux-là ne me feront jamais défaut. Gérard Longuet maîtrise tout ce qui est du domaine international. Nicolas Sarkozy s'implique avec détermination dans tout ce qui relève des enjeux nationaux. Ils comprennent parfaitement les revendications et les motivations du jeune dirigeant agricole que je suis, bien décidé à faire passer son message.

Nicolas Sarkozy ne fait pas semblant. Je me souviens d'une rencontre au cours de laquelle je défends des enjeux fiscaux que je sais très techniques et, pour tout dire, assez incompréhensibles pour qui n'est pas plongé dedans depuis des années. Contrairement à son habitude, il n'est pas affûté, il ne maîtrise pas la question. Alors, il ajourne notre entretien et me donne rendez-vous le lendemain matin.

Là, je découvre un Nicolas Sarkozy totalement imprégné du sujet. Incollable. Rien ne lui échappe. Je ne saurai jamais s'il lui a suffi de deux heures pour assimiler ce que je maîtrise après dix ans de responsabilités agricoles ou s'il a travaillé toute la nuit. Mais aucun aspect de cet épineux dossier, jusqu'à la part du revenu fiscalisable servant de base au calcul de l'assiette des cotisations sociales, ne lui est désormais étranger.

En plus, il est malin, politique jusqu'au bout des ongles, inutile de le rappeler. Nous nous entendons parfaitement pour arriver à nos fins. Nous établissons une complicité politique et personnelle très forte.

Elle dure jusqu'à l'été 1994, quand il apparaît de plus en plus clairement qu'Édouard Balladur est décidé à jouer sa partition face à Jacques Chirac.

Pour moi, l'attachement à ce dernier est indéfectible. Il ne se discute pas. Nicolas ne comprend pas ma position, persuadé que Chirac n'a aucune chance d'être élu président de la République. Je suis convaincu du contraire. Nous nous disons les choses en toute franchise, mais nos relations se tendent irrémédiablement. Jacques Chirac est élu. Je deviens son ministre après sa réélection en 2002. J'assiste à la montée en puissance de Nicolas Sarkozy que les chiraquiens tentent, en vain, de contenir.

Pendant la campagne présidentielle de 2007, je fais voter sans états d'âme pour le candidat de la droite, mais je ne fais pas partie de son équipe de campagne.

*

Nicolas Sarkozy n'ignore pas que je suis un homme entier. Il me connaît assez pour savoir que je serai loyal et fidèle en amitié comme en politique. Je resterai toujours chiraquien. Mais les années ont passé et le président qu'il est devenu considère qu'il est temps de refermer les plaies du passé.

Il va modifier son gouvernement. Il évoque le ministère de l'Industrie. Je lui décris le périmètre idéal que devrait couvrir ce portefeuille. Selon moi, il faudrait ajouter les PME, le commerce et l'artisanat ainsi que l'emploi afin de construire un grand ministère de l'Entreprise.

« Et si je te propose ce ministère, tel que tu le décris, est-ce que tu l'acceptes ? »

Je sens que Nicolas est sincère. Il a sans doute des défauts, mais pas celui d'être cynique. Il est toujours cash, dans l'affection comme dans la bataille politique. Je suis humainement sensible à sa démarche. L'amitié a de la mémoire. Elle sort doucement du congélateur où elle avait disparu depuis 1994.

Mais je refuse d'entrer au gouvernement. Je préfère être candidat à la présidence du groupe à l'Assemblée. J'explique ma motivation au président de la République après l'avoir longuement remercié pour son geste auquel je suis réellement sensible. Lui aussi, sans doute, mesure ma franchise.

Il me demande cependant de ne rien arrêter définitivement avant de m'être entretenu avec le Premier ministre. François Fillon me propose le même portefeuille. Mais je préfère rester à l'Assemblée.

*

Nicolas Sarkozy a l'intelligence de ne pas me tenir rigueur de mon refus. Au contraire. Petit à petit, notre lien d'amitié se retisse et se consolide. Je l'ai soutenu avec conviction en 2012 puis à la primaire de 2016. Aujourd'hui, nous sommes deux amis, Carla et lui nous ont invités plusieurs fois à dîner, avec mon épouse, au cap Nègre. Et les discussions ne portent pas uniquement sur la politique.

Jacques Chirac a été mon mentor. Nicolas Sarkozy restera mon ami. Il devine mes divergences politiques comme je devine les siennes. Mais nous nous parlerons toujours avec affection, franchise et respect.

Les hommes et les femmes politiques sont poussés par de fortes convictions. Leur raison d'être est de les faire partager au plus grand nombre. Mais cette passion n'empêche pas d'entretenir des amitiés fidèles avec d'autres responsables dont ils ne partagent pas toutes les idées ni, parfois, la stratégie. La seule façon de préserver une amitié est la franchise. Nicolas Sarkozy n'avait jamais fait mystère de son futur soutien à Édouard Balladur. C'est sur cette honnêteté que notre amitié a pu reprendre son fil. Mais quand ce fil est rompu, quand l'ambition et la dissimulation l'emportent sur tout, ni l'amitié ni le compagnonnage politique ne peuvent reprendre. Je pense à ceux qui ont sciemment camouflé leur basculement vers Emmanuel Macron.

3

Emmanuel Macron, son bloc-notes et son stylo

Je connais mal Emmanuel Macron. Je ne pensais pas qu'il aurait la patience de se construire un destin politique. L'homme paraissait tellement pressé d'atteindre le sommet, sans manifester spécialement le goût du contact avec les gens, que je croyais qu'il venait juste compléter son CV par quelques lignes politiques avant de repartir faire fructifier ses finances. Je l'estimais trop obsédé par la rhétorique pour savoir accepter l'humilité du parcours électoral. Emmanuel Macron a pourtant été élu. Reconnaissons, toutefois, qu'il a bénéficié d'un alignement de planètes extraordinaire.

*

Ce que ma vie syndicale m'a appris, c'est que, pour diriger un collectif, il ne suffit pas d'avoir été désigné au poste. Il faut faire vivre ce collectif. Le charisme, le talent oratoire ou médiatique peuvent aider à conquérir un mandat, mais ils ne suffisent pas pour l'exercer correctement. Il faut savoir trouver la ligne commune, débattre, trancher et faire respecter son arbitrage par la justesse de son choix et l'autorité de sa personne. C'est l'écueil auquel se heurte la présidence Macron.

Il a le charisme, le talent oratoire et un sens de la communication médiatique hors pair, mais il ne sait pas faire vivre un collectif. Il ne sait qu'exprimer sa volonté sous forme d'ordres à sa majorité. Avec l'opposition, il ignore comment s'y prendre. Il ne sait pas entendre des contradicteurs. Alors, il fait semblant.

Je l'ai constaté moi-même en décembre 2018. J'ai rarement eu l'opportunité de rencontrer le président Macron en tête à tête. Sauf à cette occasion mémorable qui, pour moi, en dit beaucoup sur lui.

J'ai été ministre de Jacques Chirac pendant toute la durée de son second quinquennat. Je faisais partie de ses visiteurs réguliers tout au long de son premier mandat présidentiel. J'ai suivi de près l'action de Nicolas Sarkozy, dont je suis proche. Je sais donc ce qu'est un président de la République. Mais la seule fois où je me suis longuement entretenu avec Emmanuel Macron à l'Élysée, je dirais – par euphémisme – qu'il n'a pas adopté le comportement que j'attendais de la part d'un chef de l'État face au représentant du premier parti de l'opposition. Non qu'il m'ait manqué de considération. Au contraire.

*

Les Gilets jaunes embrasent le pays. Et Emmanuel Macron, qui n'a rien vu venir, ne parvient ni à comprendre les fondements de ce mouvement ni à y apporter une solution. Il croit s'en sortir en débloquant tout de go plusieurs milliards, mais il ne sait pas accompagner politiquement ce plan d'urgence.

Car en politique, il ne suffit pas de trouver de l'argent pour résoudre un problème. Édouard Philippe et le président de la République, avec la condescendance dont peuvent parfois faire preuve certains hauts fonctionnaires, prennent les Français pour des mendiants qui tendent la sébile à l'État. Il leur suffit de la remplir, croient-ils, afin d'avoir la paix. Mais on ne dirige pas un pays comme on console un enfant avec des bonbons. Présider un pays, c'est comprendre ses attentes, ses contradictions, et emmener l'ensemble de la population dans un projet collectif. Il n'est pas possible de s'adresser à une catégorie de la population, puis à une autre, et encore une autre avec des arguments adaptés à chaque cas, et parfois contradictoires, comme si ces différentes catégories étaient indépendantes les unes des autres. En oubliant qu'elles vivent ensemble et font toutes partie de la même nation.

Emmanuel Macron se comporte comme un avocat qui traite les affaires les unes après les autres, sur dossier, sans établir de lien entre elles ni avec les personnes concernées. D'où l'incohérence de sa politique et la difficulté des Français à comprendre où il les mène.

La crise des Gilets jaunes ne lui permet pas de séquencer ses réponses en autant de dossiers distincts. De plus, le président est mal à l'aise face aux revendications d'une France rurale ou périphérique qu'il ne connaît pas. Tel l'avocat acculé par la partie adverse, le chef de l'État tente alors de changer de terrain. Il noie le sujet en l'élargissant à une grande réforme des institutions. L'on verra par la suite que cette réforme sera régulièrement remisée au fond d'un placard. Cette thématique ne ressort que pour des raisons politiciennes, quand le président a besoin de changer de sujet d'actualité. C'est le cas en décembre 2018, lorsque je suis invité à le rencontrer à l'Élysée en tête à tête.

*

En arrivant dans le vestibule que j'ai si souvent traversé, je me dis que les lieux ont une mémoire, même si leurs occupants se ressemblent si peu. Moi-même, j'ai acquis de l'expérience, et je me souviens de la leçon tirée de la rencontre avec François Mitterrand : ne jamais baisser la garde.

Le cérémonial n'a pas changé. Le palais impressionne toujours par son silence. Dans le bureau présidentiel, je retrouve le même petit canapé sur lequel s'asseyaient les présidents que j'ai connus, faisant face à leur visiteur installé dans un fauteuil.

Bizarrement, Emmanuel Macron m'invite à partager le même sofa que lui, chacun à un bout. Jamais Jacques Chirac ou Nicolas Sarkozy n'auraient organisé un dialogue dans cette posture faussement conviviale.

Emmanuel Macron tient un petit bloc-notes et un stylo. Il plonge son regard dans le mien comme s'il voulait me signifier que toute sa vie il a attendu ce moment où il s'apprête à boire mes paroles. Il apparaît tellement certain de son charme que j'en éprouve aussitôt un réflexe de méfiance. D'un grand sourire, il m'invite à m'exprimer : « Dites-moi comment vous sentez les choses. Je vous écoute. »

Puisqu'il en est ainsi, je le prends au mot. Je lui livre le fond de ma pensée. Elle n'est pas très aimable envers sa politique et sa méthode. C'est le moins que l'on puisse dire.

Je lui explique clairement que j'estime qu'il est le responsable du blocage du pays. C'est de sa faute à 100 %. Il ne voit rien. Il n'écoute rien ni personne. Il a augmenté le prix du gazole sans se demander comment allaient faire les gens qui ont absolument besoin de leur voiture pour aller travailler et qui peinent à joindre les deux bouts. Il croit que tout lui est permis. Il éprouve un sentiment d'impunité qui lui fait tourner le dos sans aucun scrupule à ses engagements. Pendant toute la campagne, il a claironné qu'il respecterait la volonté du peuple. Et la première décision qu'il prend, après son élection, c'est d'ignorer le référendum sur Notre-Dame-des-Landes. Au lieu d'appliquer la décision du peuple, il dit oui aux zadistes ! À ceux qui ont brûlé les voitures de gendarmes, qui ont mis à sac le centre-ville de Nantes. Son premier acte d'autorité est de donner raison à des voyous et des vandales, à des casseurs. À l'inverse, il a laissé son Premier ministre asséner sans prévenir les 80 km/heure d'une manière unilatérale et uniforme qui ne pouvait que provoquer la colère.

Comme Emmanuel Macron ne m'interrompt pas, je continue. Je reviens sur ses paroles qui m'ont choqué : les « illettrées de Gad », les « gens qui ne sont rien ». Tout cela s'accumule. C'est lui, par sa posture, par ses humiliations, qui porte la responsabilité de l'état désastreux dans lequel se trouve le pays. Il faut écouter les gens. Comprendre ce qu'ils disent. Ce n'est pas une réforme des institutions qui réglera le problème qu'il a créé.

Emmanuel Macron ne dit toujours rien. Il se contente de ponctuer ma diatribe de quelques « Oui, très bien, oui, je comprends » d'un ton neutre, en affichant un sourire qu'il voudrait complice. Il a ouvert son carnet et prend des notes.

Toute sa politique y passe. Cela dure une bonne heure. Finalement, le président se lève et me raccompagne. Nous échangeons les politesses d'usage. « Au revoir, Christian…

— Au revoir, monsieur le président.

— N'hésitez pas à m'appeler, surtout. »

*

Je quitte l'Élysée plus que perplexe. Je pense aux chefs de l'État que j'ai connus. Si j'avais tenu le même discours à Nicolas Sarkozy, il n'aurait pas mis cinq minutes à me passer par la fenêtre. Le président Macron m'a écouté sans jamais protester ; au contraire, il a pris des notes !

Mais en réalité, il était faussement attentif. Il se fiche éperdument de ce que je pense de sa façon de diriger le pays. Parce qu'il a gagné l'élection présidentielle de 2017 et que ma famille politique l'a perdue, il estime que lui, il a raison sur tout, et que nous, nous avons constamment tort. S'il reçoit l'opposition, c'est pour faire semblant de s'intéresser à ce que les Français ont en tête. En réalité, il a l'impression de perdre son temps. Cet aveuglement en fait un bien mauvais politique. Néanmoins, son talent d'acteur est indiscutable.

Je ne sais pas ce qu'Emmanuel Macron espère de ce genre d'entretien. Je ne crois pas qu'il soit dupe de ma perception. Je ne crois pas non plus qu'il soit du même niveau de machiavélisme que François Mitterrand, qui pouvait être glaçant mais qui incarnait tout de même une forme d'autorité. En revanche, ce petit jeu ne le grandit pas.

Il endosse des rôles successifs dans la plus grande inconstance. Un an après son élection, il recadrait avec véhémence un adolescent qui avait eu la familiarité de l'appeler « Manu » au lieu de « monsieur le président de la République ». Un an avant la fin de son mandat, il fait une vidéo avec des youtubeurs pour adolescents qui le présentent comme le « directeur de la Gaule ». Le langage du président y est plus familier, il est grossier.

Avec le recul, je crois que les jeux de rôle successifs du président Macron traduisent une impréparation structurelle pour la fonction. L'élection ne fait pas le président. C'est l'expérience de l'élu, de l'ancien dirigeant politique et de l'ancien ministre qui permet au chef de l'État de prendre la mesure de sa tâche et d'affronter les crises. Malheureusement pour notre pays, Emmanuel Macron n'a coché aucune de ces cases. Peut-être a-t-il cru avoir fait le tour de la question en quelques mois à Bercy ? En réalité, Emmanuel Macron n'a occupé aucune fonction exécutive. Il découvre en permanence ce que représente l'étendue de la gestion des affaires courantes, celle des équipes placées sous son autorité, celle des attentes contradictoires des Français, sans parler des crises par nature imprévisibles. Il ne connaît pas les bons réflexes, mais il suit le conseil de Jean-Paul Belmondo dans un film de Claude Lelouch, *Itinéraire d'un enfant gâté* : « Le meilleur moyen de faire croire que tu connais tout, c'est de ne jamais avoir l'air étonné. » Emmanuel Macron prend la consigne du comédien au pied de la lettre. Or la vie des gens, ce n'est pas du cinéma.

4

Jacques Chirac, ma fidélité

C'était un dimanche après le déjeuner en famille. Quand on s'est levé à 5 heures du matin, comme tous les jours, alors que la veille au soir on a un peu tiré sur la corde, le début d'après-midi glisse dans une petite somnolence agréable. Le téléphone sonne, et comme à leur habitude les enfants se disputent pour répondre, nous laissant, mon épouse et moi, profiter du confort de notre fauteuil. Ma fille a gagné la course devant son frère.

« Allô, qui c'est ? » demande-t-elle, de la voix assurée d'un petit bout de quatre ans.

La réponse ne semble pas la surprendre, elle se met à raconter ce qu'elle était en train de faire, c'est-à-dire dessiner. J'en déduis qu'il ne peut s'agir que de sa grand-mère et je lui souffle de répondre que je dors. Elle poursuit son babillage, décrivant ses dessins et sa méthode de coloriage avec conviction. Je me dis que sa grand-mère est bien curieuse aujourd'hui, elle qui connaît déjà tout des croquis de sa petite-fille. Mais voilà que j'entends la petite expliquer que « papa a dit de vous dire qu'il dormait ».

Là, je bondis. Il ne peut s'agir de la grand-mère, mais d'un interlocuteur plus sérieux, sans doute surpris et peut-être agacé de devoir s'entretenir aussi longtemps avec une enfant ! Je retire le téléphone des mains de ma fille, déçue de ne pouvoir continuer à discuter avec quelqu'un d'aussi attentif à son usage des crayons de couleur.

À l'autre bout du fil, Jacques Chirac me complimente tranquillement sur la politesse et l'aisance de la petite ! Un autre aurait plaisanté de la patience déployée face à cette jeune bavarde, lui non. Il a tenu cette conversation avec le même intérêt qu'il aurait accordé à n'importe quel adulte.

Jacques Chirac savait être attentif à tout le monde. Il ne faisait pas semblant. Il ne cherchait pas uniquement à convaincre, il commençait par écouter, avec un grand humanisme. C'est ainsi qu'il a toujours su s'allier des fidélités, mais aussi valoriser ceux qui lui étaient attachés.

*

Quand j'ai rencontré le président du RPR, en 1988, je n'avais pas encore été élu président du

CNJA. Je commençais tout juste à faire partie de la direction du mouvement. Mais il m'avait repéré.

Il m'accueille pour la première fois en me disant qu'il a beaucoup entendu parler de moi, et pas nécessairement en bien, précise-t-il, avant d'expliquer que c'est précisément la raison pour laquelle il souhaite me rencontrer et juger par lui-même. Il faut dire qu'à cette période, j'envisageais de monter un putsch contre l'équipe dirigeante du CNJA, que je ne jugeais pas assez énergique. Jacques Chirac m'invite alors à le tutoyer, comme le veut la tradition syndicale. Convivialité qui ne l'a pas empêché de me donner une belle leçon sur la nécessité de préserver l'unité au sein du syndicalisme agricole, et sur les effets dévastateurs des divisions internes. J'ai compris sa démarche comme il a compris mon tempérament.

J'ai toujours culpabilisé de ne pas avoir fait d'études, même si c'est moi qui ai pris cette décision à dix-sept ans. Jacques Chirac a probablement distingué très vite ce doute qui pouvait, dans un premier temps, me freiner. Et m'a constamment aidé à le dépasser. Car si je commence toujours par m'interroger sur ma capacité, ce n'est certainement pas pour baisser les bras. Au contraire, c'est parce que je pense que les autres en doutent que je m'emploie, avec une obstination sans limites, à construire ma légitimité.

Je n'étais pas pressenti pour la présidence du CNJA. Le candidat programmé pour le poste était un ingénieur agricole qui disposait d'un talent oratoire et d'une culture générale que je n'avais pas. Mais il ne rassemblait pas les jeunes exploitants. Moi, j'avais pris le temps de les écouter tous et de comprendre leur point de vue. Je savais ce que nous avions en commun. J'avais bâti un réseau plus solide que les éphémères effets de manches.

J'ai toujours tissé des liens avec tout le monde, y compris avec les profils les plus opposés au mien. Parce qu'il existe forcément un point sur lequel on se retrouve. Il suffit de savoir le faire émerger. Pour cela, il faut prendre le temps d'écouter.

Je suis un besogneux. Je suis formaté comme ça. Est-ce une faiblesse ? Je ne le crois pas. L'excès de travail ne nuit pas. Le véritable handicap serait de ne pas connaître ses qualités et ses défauts. S'interroger sur ses propres faiblesses permet de les surmonter. Les ignorer conduit droit dans le mur.

*

Quand le parti s'est retrouvé au plus bas, après les élections européennes, plusieurs amis m'ont sollicité. « Il n'y a que toi pour rassembler », me disaient-ils. Je n'étais dupe de rien, je savais très bien que ce qui rassurait plus d'un ambitieux était le fait que je ne le sois pas.

Je ne me suis pas présenté à la tête des Républicains en pensant à la présidentielle. Je ne prétends pas non plus imposer ma ligne sous prétexte que je suis le chef. Je n'ai jamais pensé que je savais tout et qu'il fallait me suivre les yeux fermés. Je savais cependant que j'étais l'un des plus capables de rassembler, si ce n'est le seul. Ce qui ne voulait pas dire que cela viendrait d'un coup de baguette magique ! Je connais trop bien le tempérament de ma famille politique. J'étais conscient que ce serait compliqué, mais je ne pouvais pas regarder ailleurs quand se consumait notre maison commune, celle pour laquelle Jacques Chirac et Nicolas Sarkozy s'étaient continuellement battus.

Aujourd'hui, malgré les difficultés, les psychodrames, les déclarations intempestives, les disputes et les clarifications, je sais que je suis à ma place. Pour une raison simple : je suis resté fidèle à ce que m'a appris Jacques Chirac !

5

Comment je suis devenu président d'une commission où j'étais minoritaire

En politique, il faut avoir de la chance. C'est-à-dire qu'il faut croire en sa chance, et donc savoir la provoquer.

En 1994, je suis un syndicaliste agricole proche de Jacques Chirac, mais pas adhérent du RPR. L'engagement politique n'est en rien compatible avec mon mandat à la tête du CNJA. Pourtant, Jacques Chirac estime que je ferais un très bon député européen. Quand il me propose de faire partie de la liste du parti gaulliste, je suis pour le moins surpris. J'écarte sa proposition avec respect et étonnement : « Mais je ne suis même pas au RPR !

— Et alors ? Je ne suis même pas certain que la deuxième de liste est française », dit-il avec un grand sourire révélateur de l'affection qu'il porte à Hélène Carrère d'Encausse.

En effet, la future académicienne d'origine géorgienne et russe Hélène Carrère d'Encausse a accepté de s'engager au nom du RPR derrière l'UDF Dominique Baudis. Que je n'aie jamais pris ma carte au mouvement dont je suis supposé défendre les couleurs n'est donc pas un souci, Jacques Chirac n'étant pas du genre à s'embarrasser de tels détails. Ce qui compte, c'est que je lui suis dévoué. Il n'a aucun mal à faire accepter l'idée que j'appartiens depuis longtemps à la famille gaulliste et il charge l'un de ses proches d'« arranger cela ». Finalement, le numéro d'adhérent inscrit sur ma carte atteste de mon ancienneté bien mieux que n'importe quelle archive du mouvement. Et pour cause.

*

La campagne est rude. Philippe de Villiers a entamé son entreprise souverainiste et le score de notre liste n'est pas brillant. Au Parlement, les postes décisifs semblent hors de notre portée. Quand nous nous retrouvons dans le bureau du maire de Paris, il fulmine. Nous sommes penauds. Nous passons en revue les douze commissions que compte l'Assemblée européenne, et nous devons à chaque fois en convenir : nous ne sommes pas en mesure de prétendre en présider une seule.

Jacques Chirac est bientôt furieux. Au fur et à mesure que nous justifions les échecs à venir, son agacement monte. Il se contient encore quand il s'adresse à Hélène Carrère d'Encausse : « Et vous, Hélène ? La commission des affaires étrangères, ça n'est pas possible ? » Mais la nouvelle élue doit bien expliquer que, malheureusement, le poste devrait échoir à un Allemand. Les socialistes vont sans doute récupérer la commission du développement, grâce à Bernard Kouchner. Quant à moi, celle de l'agriculture me paraît inaccessible. Je viens d'arriver, je ne parle aucune langue étrangère, je ne connais rien au fonctionnement du Parlement européen. Bref, nous n'avons rien et ce rien finit d'emporter la colère de Jacques Chirac.

Il balaie nos explications du revers de la main. Nous assène une petite leçon de choses bien sentie pendant que notre regard s'attarde dans la contemplation muette du bout de nos chaussures. Puis, d'une formule énergique dont il a le secret, il conclut sa diatribe et m'intime un ordre qui ne souffre aucune contestation : « Toi, tu seras candidat à la commission de l'agriculture. » Point final. Il est bien clair que, dans son esprit, il n'est pas question d'être candidat juste pour participer. Il me faut gagner.

En quittant la mairie de Paris, je me demande comment je vais pouvoir m'emparer de la plus grosse des commissions du Parlement européen, où le Parti populaire européen et le Parti socialiste européen se partagent les responsabilités. Les gaullistes appartiennent alors au groupe du Rassemblement des démocrates européens. Nous n'avons que trois représentants dans cette commission qui compte autour de soixante-dix députés. La situation n'est pas désespérée, mais cela y ressemble.

Il faut bien commencer quelque part, donc je retrouve mes réflexes de dirigeant syndicaliste. Je prends contact avec tous les présidents d'organisations agricoles européennes. J'ai siégé au Centre européen des Jeunes Agriculteurs, j'ai donc au moins un contact dans chacune d'entre elles. Je leur explique que je vais me présenter à la présidence de la commission au Parlement. Ils me connaissent et ils savent dans quelle direction je peux mener cette instance. J'obtiens ainsi le soutien des réseaux agricoles, ce qui constitue un premier pas non négligeable. Les discussions plus larges entre les différents groupes politiques ont réparti les présidences de commission, et celle de l'agriculture doit revenir à la droite, c'est-à-dire normalement au PPE. Sans pour autant me soutenir, ce mouvement s'est engagé à ne pas présenter de candidat contre moi. Au moins, je ne serai pas défait d'entrée de jeu.

*

Le jour du vote arrive. Nous ne sommes toujours que trois RDE membres de la commission de l'agriculture. Je ne peux compter que sur ma détermination et le soutien du député portugais et de son homologue irlandais qui, il est vrai, a une certaine expérience de la vie au Parlement européen.

Il le démontre avec un savoir-faire consommé. La réunion est à peine commencée que le député irlandais se lève et prend la parole : « Je vais vous présenter un candidat pour présider notre commission. Il est le plus jeune d'entre nous, ancien responsable syndical… »

Le compliment se poursuit. Comme promis, les élus PPE ne proposent pas de concurrent, et nous ne laissons pas le temps aux autres de réfléchir trop longuement. L'Irlandais ayant capté l'attention, avec une certitude totale il assure constater qu'il n'y a aucun autre postulant et propose de m'élire par acclamation. Il joint aussitôt le geste à la parole, suivi avec entrain par notre collègue portugais.

Pas besoin de me faire un dessin. Je me lève et je rejoins la tribune, encouragé bruyamment par mes deux seuls supporters enthousiastes. Je m'adresse alors à l'ensemble des députés de la commission sans les laisser reprendre leur souffle. Je les remercie vivement pour la confiance qu'ils me témoignent et, sans attendre, je procède à l'élection des vice-présidents. Je propose alors un socialiste belge réputé pour ses positions bien arrêtées que j'ai connu lui aussi en tant que militant syndical. Mon accession à la présidence de la commission de l'agriculture est ainsi validée, grâce au soutien très expressif de mes deux supporters.

*

De retour à Paris, je rencontre un Jacques Chirac beaucoup moins agacé.

« Tu vois, je te l'avais dit ! » lâche-t-il, comme s'il n'avait jamais douté de mon succès.

Un patron, c'est quelqu'un dont vous avez envie d'exécuter les ordres, même les plus exigeants. C'est une alchimie mystérieuse qui passe par le respect mutuel et la capacité à vous dépasser dans des domaines qui, *a priori*, vous semblent inaccessibles. L'onction du suffrage ne fait pas le patron. Il lui faut avoir ce talent de révéler les autres à eux-mêmes pour constituer une équipe solide autour de lui. La force du patron n'est pas due à son élection, mais à sa capacité à susciter l'adhésion. Qu'il soit maire, député ou président de la République. Le patron s'impose naturellement. Aucune primaire ne lui apportera cette capacité s'il ne l'a pas en lui. Je ne donnerai que l'exemple de François Hollande. L'homme est réputé brillant et malin. Il a réussi à gagner la primaire de la gauche et l'élection présidentielle. Mais il n'est jamais parvenu à être le patron.

6

À chacun sa formation : les grandes écoles ou le terrain

Francis Mer est un ministre important. Il en est convaincu. Il le montre. Sa façon de vous serrer la main et de s'adresser au Premier ministre, Jean-Pierre Raffarin, le prouve. Le nouveau ministre de l'Économie, des Finances et de l'Industrie dispose d'un beau CV. Polytechnicien, il a fait toute sa carrière chez Saint-Gobain. L'État lui a confié la présidence du groupe sidérurgique né de la fusion d'Usinor et Sacilor. Cela fait un petit moment qu'il prétend faire de la politique, tout en se jugeant au-dessus du lot en tant qu'industriel. « Vous les politiques » est sa formule favorite pour expliquer aux pauvres élus devenus ministres que nous sommes que nous ne comprenons rien à l'économie.

Il faut savoir une chose : les CV d'experts ne m'impressionnent pas. Celui de Francis Mer pas plus qu'un autre. Je respecte les gens qui agissent. J'admire ceux qui traduisent leurs idées en actes. Je me méfie de ceux qui croient tout savoir, en particulier dans les secteurs qu'ils ne connaissent qu'à travers des notes rédigées par des collaborateurs enfermés dans leur bureau.

Alors, quand j'entends ce grand industriel prétendre m'expliquer la vie des entreprises, mon sang ne fait qu'un tour. Je l'arrête tout de suite : « Tu vois, je vais t'expliquer quelque chose. Je sais que tu as dirigé avec talent un grand groupe industriel, mais je considère que je n'ai aucune leçon à recevoir de ta part pour ce qui est de la connaissance du monde de l'entreprise. La vie d'un chef d'entreprise, ce n'est pas travailler avec l'argent des autres, avec un téléphone de fonction, une voiture de fonction et un chauffeur qui vient te chercher en bas de chez toi tous les matins. La vie d'un chef d'entreprise, c'est se réveiller la nuit parce que tu ne sais pas si tu vas rembourser l'emprunt du Crédit agricole que tu as obtenu en hypothéquant tout ce que tu possèdes sur terre, y compris la maison de tes parents. Moi, j'ai vécu ça. »

Évidemment, le ministre de l'Économie, des Finances et de l'Industrie ne tient pas à se faire remettre à sa place par le ministre délégué à la Famille venu plaider son arbitrage pour une réforme de la garde d'enfants assez coûteuse. Francis Mer rétorque vertement. Je renchéris : « Moi, je ne travaille pas avec l'argent de mes actionnaires. Je travaille avec mes biens propres.

Si je me rate, je perds tout, et je n'ai pas le chômage. C'est ça, ce que vivent les vrais chefs d'entreprise. C'est ça, l'économie ! »

Nous nous faisons face de chaque côté du bureau. Jean-Pierre Raffarin tente, tant bien que mal, de calmer le jeu. Je ne me laisserai jamais démonter par un expert qui se nourrit de notes abstraites. J'ai besoin de comprendre concrètement les choses. Les notions théoriques m'ennuient. C'est sans doute pour cette raison que je n'aimais pas l'école et que j'ai décidé de la quitter très tôt.

*

À dix-sept ans, je voulais partir. Où ? Je ne savais pas trop. Je voulais découvrir autre chose. Partir pour partir. Partir seul et rencontrer d'autres personnes. Être indépendant. Voir du pays. Mais mes parents ne l'entendaient pas de cette oreille. D'abord, ils ne comprenaient pas mon aversion pour les études. Mon père avait dû quitter l'école à onze ans, juste avant la guerre, qui avait aussi brisé l'élan de ma mère. Elle rêvait d'être institutrice. Mais ni sa famille ni celle de mon père n'en avaient les moyens. Je savais tout cela, et j'avais le cœur gros de décevoir leurs attentes, moi, le fils unique à qui ils voulaient offrir les rêves qu'ils n'avaient même pas pu caresser.

Mais à cet âge, le goût de la liberté est plus fort que tout. Je m'étais mis à potasser mes cours au dernier moment, pour obtenir l'examen émancipateur. Maintenant que j'avais mon brevet d'enseignement professionnel agricole en poche, option agriculture-élevage, je croyais détenir le sésame pour des aventures lointaines. À la ferme, ce fut la douche froide. Mes parents avaient les pieds sur terre. « Puisque tu ne veux pas apprendre à l'école, mon garçon, tu vas apprendre ici, en travaillant. Et tu vas travailler avec nous, à la ferme ! »

J'ai déchanté et j'ai obéi.

Mais je n'ai pas renoncé à mon désir d'indépendance. À vingt-deux ans, je me marie et j'emprunte pour investir dans six hectares avec vingt-sept vaches laitières. Je mise tout ce que j'ai. Je risque tout sur cette ferme. Ma seule certitude, c'est ma capacité de travail. Et j'en rajoute même en m'investissant dans le syndicalisme.

Dire que les journées sont chargées est en deçà de la réalité. Je me lève tous les matins à 5 heures, y compris le dimanche, pour m'occuper des bêtes. Quand ma première journée à la ferme est terminée, je dîne vite fait, je prends une douche et je passe la soirée de réunions en rencontres syndicales pour le Centre national des Jeunes Agriculteurs, auquel j'ai adhéré. Je me couche rarement avant minuit, et le lendemain, c'est reparti !

Pour être honnête, j'aime ça. Rencontrer d'autres agriculteurs, comprendre leurs problèmes, trouver des solutions. Et puis, il y a les réunions où l'on se retrouve d'abord à quelques-uns, à l'échelle du canton, mais où le cercle s'élargit bientôt au niveau du département. Je grimpe tous les échelons, un à un. Je suis d'abord élu président du canton. Puis secrétaire général du département, avant d'en devenir le président. Ensuite la région, les instances de direction au niveau national, et je finis président du mouvement.

Je rencontre déjà à l'époque cette caste de ceux qui savent, qui ont des diplômes, qui ont lu des livres, des études, des enquêtes, et qui parlent bien. Moi aussi, j'ai acquis des compétences. Je connais toute la diversité de l'univers agricole. Je connais tout le monde et tout le monde me connaît. On sait que je travaille pour le collectif, que je tiens à organiser le rassemblement.

Le CNJA assure la formation de ses cadres. Tous les ans, nous partons quelques jours en stage. Et contrairement au lycée, au syndicat j'aime apprendre. Peut-être parce que cet enseignement débouche sur une application concrète. Nous apprenons aussi bien à négocier qu'à gérer une manifestation. J'y découvre aussi comment préparer mes interventions.

*

C'est vrai, je travaille à ma façon. J'ai besoin de discuter, d'échanger et d'éprouver mes arguments auprès des autres. Mais quand une décision est au point, il ne faut pas venir me chercher en jouant les « sachants ».

Francis Mer l'expérimente dans le huis clos d'un bureau ministériel, tout comme Ségolène Royal lors d'une séance de questions au gouvernement.

Ce jour-là, quand la députée des Deux-Sèvres prend la parole et qu'elle annonce pompeusement au Premier ministre que sa question porte sur la stratégie de communication politique du gouvernement sur la famille, je bous déjà. Jean-Pierre Raffarin aussi. Il nourrit une vieille querelle avec l'élue des Deux-Sèvres, sa rivale locale. Je le vois qui se prépare à répondre, mais d'un signe je fais comprendre au Premier ministre qu'il peut compter sur moi pour régler son compte à la députée du Poitou qui ne comprend pas qu'un homme comme moi puisse lui disputer ce domaine d'action. Elle expose son argumentaire avec la morgue de celle qui se croit plus légitime que quiconque sur la politique familiale. Ne parlons même pas de sa superbe arrogance face à un paysan chiraquien.

Avec assurance, elle mélange des chiffres approximatifs avec des données erronées pour prétendre que la droite se désintéresse des familles et que nous nous contentons d'un tour de passe-passe en redéployant les mêmes postes sans investir davantage.

Je me fais un plaisir – qui me fait encore sourire – de lui renvoyer ses calculs savants au visage : « Permettez au modeste, au très modeste paysan que je suis, d'expliquer à la brillante énarque que vous êtes que huit plus un font neuf. En effet, huit milliards d'euros de prestations familiales pour l'accueil du jeune enfant auxquels on ajoute un nouveau milliard d'euros, cela fait neuf milliards. Il ne s'agit donc pas de redéploiement. C'est un point que vous n'aviez pas encore compris, c'est pourquoi je prends un peu de temps pour vous l'expliquer. »

Quelque temps plus tard, j'obtiens un arbitrage financier en ma faveur pour une réforme essentielle à l'émancipation des femmes. Je signe un texte qui permet à celles-ci de travailler tout en choisissant librement le mode de garde de leurs jeunes enfants. Quoi qu'en pense Mme Royal, c'est la droite qui permet aux femmes françaises d'être parmi les moins pénalisées dans leur carrière par la naissance des enfants. Tout n'est pas encore parfait dans le monde du travail pour elles, mais je suis fier de cette avancée que beaucoup d'Européennes nous envient.

7

Mon combat pour la liberté des femmes

Il y a deux façons de promouvoir l'égalité hommes-femmes. On peut faire du spectaculaire, et revendiquer l'exclusivité sur ce sujet. On peut choisir de privilégier l'efficacité en préférant l'action à l'affichage. C'est ce que j'ai fait en tant que ministre de la Famille. Peut-être n'ai-je pas assez revendiqué mon action. Je vais y revenir, mais ce n'est pas mon plus grand regret.

Ce qui me pèse, c'est de voir ma famille politique jugée en retard sur la promotion des femmes. Pourtant, les figures politiques exceptionnelles ne manquent pas. Simone Veil, Monique Pelletier, Michèle Barzach, Claudie Haigneré, Anne-Marie Couderc, Anne-Marie Idrac, Michèle Alliot-Marie, ou encore Christine Lagarde, Nathalie Kosciusko-Morizet, Rachida Dati, Nadine Morano, Annie Genevard, Valérie Pécresse, et bien d'autres.

J'en ai côtoyé quelques-unes et le moins que l'on puisse dire, c'est qu'elles n'ont jamais fait de la figuration chez nous. La soumission au machisme n'est pas leur marque de fabrique. Peut-être parce que ces femmes fortes occupaient le devant de la scène, nous n'avons pas voulu féminiser artificiellement la photo. Nous avions la qualité, mais pas le nombre. Nous ne pensions pas qu'il fallait afficher beaucoup de femmes, comme des bons points, pour faire avancer concrètement leur situation. Nous avons payé des amendes mais, beaucoup plus grave, nous avons abîmé durablement notre image.

*

J'ai été influencé par l'histoire de ma famille politique. L'émancipation des femmes fait naturellement partie de ma conception politique. Est-il utile de remonter au général de Gaulle qui a inscrit dans la Constitution l'égalité entre les femmes et les hommes dans tous les domaines, y compris le droit de vote ? De rappeler que le père de la pilule est un homme de droite, Lucien Neuwirth ? Que c'est une femme de droite, Simone Veil, appuyée par Jacques Chirac, qui a autorisé l'IVG ? Maîtriser la contraception est une liberté essentielle pour les femmes qui sont ensuite libres d'exercer ce choix. Personne ne doit être contraint, ni dans un sens ni dans l'autre. Rappelons aussi que, dès 1972, nous avons perçu tout l'enjeu économique de cette question en posant le principe de l'égalité salariale.

Autant d'avancées oubliées après l'affichage d'une seule loi par la gauche. Une loi d'affichage, précisément. Celle qui, en 2000, a instauré la parité en politique. Le coup est réussi. La gauche a obtenu ses certificats de féminisme, tandis que la droite est retombée, à tort, dans le camp du conservatisme insensible à cette cause.

Avec le recul, ce volontarisme dans le domaine politique était sans doute nécessaire, mais il ne va pas au-delà de la valorisation de cet affichage par certains partis. Car par la suite, les lois qui ont vraiment permis aux femmes de vivre aussi librement que les hommes, ce sont celles que la droite a instaurées.

La liberté des femmes est conditionnée à leur liberté économique, c'est-à-dire professionnelle. Tant que les femmes gagneront moins que les hommes, leur autonomie sera limitée. Tant que leur déroulement de carrière sera grevé par la maternité, elles seront pénalisées.

C'est ce que Jacques Chirac a à l'esprit quand il me propose le ministère de la Famille pour mon premier portefeuille ministériel. Je n'ai jamais participé à un gouvernement. Le ministère de la Famille ne fait pas vraiment partie de ceux dont je suis particulièrement l'activité. En fait, je m'imagine à la Coopération. Avec l'aval de Jacques Chirac, j'ai déjà commencé à prendre des contacts en Afrique. Mais voilà que le président tire un trait sur tout ce travail pour me proposer la Famille, un domaine sur lequel je n'ai pas vraiment travaillé. Franchement, je ne m'y vois pas. J'essaie de le lui expliquer, mais il n'en démord pas. Il est certain que je me débrouillerai très bien !

Je refuse une première fois. Je tente même une diversion avec le Commerce extérieur, évoqué par Jean-Pierre Raffarin. Proposition retoquée par Jacques Chirac : « Mais non ! Tu n'existeras pas. La Famille est un grand ministère qui reprend un point central de ma campagne. »

Je comprends qu'il exagère pour me convaincre. Je prétends même, à tort, que ce ministère n'existe pas. « Eh bien s'il n'existe pas, on va le créer ! »

Je refuse une deuxième fois. Puis une troisième. Mais Chirac ne lâche pas : « De toute façon, je te nomme et, si ça ne te plaît pas, tu n'auras qu'à démissionner.

— Non mais franchement, je ne connais rien à ces sujets. Mis à part le fait d'être père de famille, je n'ai aucune compétence ! »

Le président, avec l'humour et le sens de la répartie qui le caractérisent, me fait cette réponse sans appel : « Si j'avais déjà demandé à mes ministres d'être compétents, ça se saurait ! Je leur demande simplement d'avoir du bon sens et de s'entourer d'équipes qui ont la compétence. »

*

La suite prouvera qu'il avait raison. Beaucoup se trompent en croyant qu'il faut placer un médecin à la Santé, un agriculteur à l'Agriculture, un policier à l'Intérieur. Cette compétence ne sert à rien si le ministre n'a pas une feuille de route claire et précise. Un gouvernement est efficace quand il sait où il veut aller. Un ministre est performant lorsque le président de la République et le Premier ministre lui font confiance pour arriver à bon port et qu'il sait s'entourer dans son cabinet de personnalités qui ont toutes les compétences techniques nécessaires à la mise en œuvre de ses choix. À l'inverse, si le cahier des charges est sans cesse modifié en cours de route par des conseillers du président de la République ou du Premier ministre qui court-circuitent les ministres, ces derniers perdent toute crédibilité auprès de leurs interlocuteurs. Privés d'initiative, ils font du surplace, par peur d'être désavoués. Au mieux, pour exister, ils investissent l'espace médiatique à grand renfort de coups de communication sans lendemain. Non seulement ils n'améliorent pas la situation des Français, mais ils donnent une image fausse de l'action politique qui finit par écœurer les citoyens.

En ce qui me concerne, Jacques Chirac m'indique le cap. Il veut permettre aux familles dont la femme travaille de choisir librement leur mode de garde. Le président entend aider aussi bien les parents qui optent pour la crèche que ceux qui ont recours à une assistante maternelle ou à une nounou à domicile. Il estime que cette décision, qui touche à la liberté d'éducation des enfants, ne regarde pas l'État. Il veut un système neutre sur le plan financier qui réponde à toutes les situations.

Nous allons créer la Paje, la prestation d'accueil du jeune enfant. Jusque-là, les familles pouvaient solliciter une bonne demi-douzaine d'allocations : prime à la naissance, prime d'adoption, allocation de base, prestation partagée d'éducation de l'enfant et j'en passe. Nous simplifions ce système complexe.

Le président m'a donné un conseil que je mettrai toujours en pratique : un bon ministre, c'est un bon cabinet. Je m'attelle donc à la composition de mon équipe rapprochée. Sachant que le dossier est technique, je m'entoure de techniciens de qualité.

Tout d'abord, Marie-Laure Denis, qui va devenir ma directrice de cabinet avec la lourde charge de m'apprendre le fonctionnement d'une administration. Avec moi, elle part de loin. Je découvre grâce à elle les codes de la fonction publique. Je ne savais pas qu'il y avait une botte à l'ENA, ce classement de sortie qui permet aux élèves de choisir ou non leur future administration. Pour moi, un énarque était un énarque. Je n'avais aucune idée de la différence entre un conseiller d'État, un inspecteur des finances, un administrateur civil. Je n'avais aucune idée non plus de la condescendance que les uns peuvent avoir à l'égard des autres. Je ne savais pas ce qu'était un bleu budgétaire, ce document financier qui chiffre le coût d'un projet de loi. J'ignorais tout de la hiérarchie des normes entre un décret, un arrêté et une circulaire. Marie-Laure vient d'avoir son quatrième enfant. Elle pose deux conditions pour me rejoindre dans cette aventure qu'elle pressent prenante. La première, c'est d'avoir à ses côtés Jean-François Verdier, l'un de ses camarades de promotion de l'ENA. Jean-François dirigera par la suite mes trois cabinets ministériels avant de me rejoindre comme directeur général des Républicains. La deuxième condition est de bénéficier d'horaires aménagés. Première femme directrice de cabinet, elle est sans doute aussi la première à avoir imposé des horaires de jeune maman dans un cabinet ministériel. Ce qui, en l'occurrence, se traduit par des journées de travail « normales », c'est-à-dire sans réunion en soirée ou très tôt le matin.

Avec méthode, nous choisissons un très bon juriste pour produire un texte qui tienne la route, un très bon inspecteur administrateur des finances pour tenir face à Bercy, un très bon IGAS (inspecteur général des affaires sociales) pour l'aspect social, et ainsi de suite.

Ces précautions nous seront utiles, car l'administration du ministère ne nous aide pas, à quelques rares exceptions près.

Certains spécialistes d'éternité nous regardent venir avec mépris. L'un d'eux, Bertrand Fragonard – qui était alors considéré comme le « pape du social » en France –, m'écoute à peine exposer le progrès que signifiera cette réforme. Il n'a qu'une question en tête, qu'il nous jette nonchalamment : « Combien vous avez ? Si vous n'avez pas un ou deux milliards, ce n'est même pas la peine d'y penser. » Dans la haute fonction publique, les ministères sociaux sont souvent l'apanage des fonctionnaires assez marqués politiquement. Ils nous regardent comme des défenseurs de la haute bourgeoisie et de la domesticité. Pour la gauche, le seul mode de garde acceptable est la crèche publique.

Lors d'une réunion de travail, un responsable de la CGT s'étranglera d'indignation quand je confirmerai sa crainte : oui, les crèches d'entreprise et les crèches privées – par conséquent à but lucratif – sont bien concernées par notre texte.

Cette approche dogmatique s'exprime également du côté des syndicats et des associations familiales. Dès mon arrivée, j'ai appliqué la règle apprise dans le mouvement syndical : voir, juger, agir. Voir, c'est rencontrer et écouter tout ce que le secteur compte de représentants – et ils sont nombreux ! Juger, c'est discuter avec eux, analyser la situation, exposer franchement mes objectifs, et poser une méthode qui permettra à chacun de faire entendre sa conviction. Il faut ensuite agir en maintenant ce contact pour emmener le maximum de monde avec soi, mais accepter que certains ne suivent pas. Un dirigeant syndical doit apprendre à conjuguer des points de vue différents. Quand je dis « points de vue », cela signifie clairement que chacun voit midi à sa porte et qu'il faut faire en sorte que tous comprennent qu'ils habitent la même rue. Dans ce genre de discussion, il faut apprendre à se faire secouer parce que vos interlocuteurs eux aussi vont l'être après vous avoir entendu. J'ai acquis cette expérience au CNJA. Quand un dirigeant revient devant ses troupes après avoir signé un accord, il est rarement accueilli par des vivats. Pour ceux qui l'ont envoyé négocier, il est tenu d'obtenir l'intégralité de ce qu'ils revendiquent. Car cette « liste de courses » a déjà fait l'objet d'un arbitrage au sein de son organisation. Par conséquent, s'il ressort de la négociation avec 80, 60 ou 50 % de ces demandes, ses adhérents le considèrent comme un traître à la cause. Il a signé un compromis. Il a donc abandonné certaines revendications. Savoir expliquer sa position dans ce contexte permet de relativiser les effets de manches de certains adversaires politiques.

Mais un ministre ne se bat pas uniquement contre l'opposition politique. Il doit aussi convaincre au sein même de l'exécutif. C'est en cela que le poids d'un cabinet compétent est déterminant.

Pour la création de la Paje par exemple, le montage technique de la mesure est très complexe. Chacune des prestations que nous voulons intégrer dans ce dispositif unique a sa logique propre. Évidemment, il n'est pas question que des familles puissent perdre des avantages. Il faut aussi que le dispositif soit accessible, et d'un coût acceptable par le budget de l'État.

Une fois que tout cela est acquis, ce serait trop simple d'avoir juste à rencontrer le Premier ministre et le président de la République pour dire : « Voilà, ça roule. » Bercy ne se laisse jamais convaincre facilement de lâcher des millions. D'autres ministères mettent leur grain de sel. Les conseillers de l'Élysée ont leur mot à dire. À chaque étape, un ministre ou un conseiller zélé peut tenter de court-circuiter le ministre inattentif. Lequel peut être amené à surjouer sa proximité avec le chef de l'État, histoire de prévenir ces manœuvres. Cela a pu m'arriver, je le reconnais. Ce n'est que quand tout a été évalué, simulé, soupesé, financé, arbitré que le président de la République valide l'opération.

*

Pour quelqu'un qui a tellement hésité avant d'accepter ce ministère, j'en garde un souvenir heureux, mais aussi une grande fierté.

En dix-huit mois, outre cette réforme du mode de garde, j'ai conduit la transformation du 119 – pour les enfants en danger – en numéro d'urgence. Cette évolution n'est pas minime. Elle oblige les opérateurs à traiter l'appel en priorité, vingt-quatre heures sur vingt-quatre, sept jours sur sept, même si l'opérateur de l'abonné n'a pas de réseau. J'ai aussi organisé la signalisation des films violents à la télévision, ou encore porté avec Dominique

Perben, alors garde des Sceaux, la simplification du divorce par consentement mutuel.

La réforme de la Paje permet à beaucoup de femmes de ne pas avoir à choisir entre leur carrière et leur vie de famille. Elle a profondément accru leur liberté. Les modes de garde s'adaptent aux exigences des familles en fonction des horaires de travail. Cette loi a fait ses preuves.

Bien sûr, des progrès restent à faire, mais en France, grâce à ces dispositions, les femmes ont moins recours au travail à temps partiel que dans d'autres pays d'Europe. Il aurait fallu creuser ce sillon pour que les écarts de salaire se réduisent et pour que la natalité ne baisse pas dans notre pays. Mais depuis 2012, les gouvernements ont tourné le dos à ces aides accordées aux femmes. L'un a mis les allocations familiales sous condition de ressources. L'autre a réduit le montant de la Paje, abaissé son plafond ainsi que celui de la prime de naissance et désindexé les prestations familiales. Le dispositif existe toujours, mais il a été discrètement affaibli.

Je suis convaincu que l'émancipation des femmes passe par leur autonomie économique. Ce n'est pas à coups d'opérations de communication que leur vie s'améliore, mais par des lois qui la facilitent dans l'entreprise en favorisant leur promotion dans la hiérarchie. La loi Copé-Zimmermann de 2011, qui impose des quotas dans les conseils d'administration, a produit ses effets. En 2009, dans les entreprises du CAC 40, il n'y avait que 10 % de femmes dans ces instances. Elles sont plus de 46 % en 2021.

Il en est de même dans bien d'autres domaines concernant les femmes. Je ne doute pas des ravages causés par le harcèlement de rue ou dans les espaces publics. Les auteurs doivent évidemment être sanctionnés et la loi les ramener dans le droit chemin. Mais fallait-il que la ministre y consacre toute son énergie aux dépens de la prévention des violences faites aux femmes ? Beaucoup trop de femmes vivent encore dans la peur de leurs conjoints, quand elles ne meurent pas sous leurs coups.

*

Jacques Chirac avait raison : on ne demande pas à un ministre d'être un directeur d'administration, un chef de bureau ou de faire des coups de com' sans lendemain, on lui demande de mettre en œuvre des réformes qui produisent les effets escomptés.

J'en connais qui sont persuadés qu'à chaque fois qu'ils font un discours, ils font une réforme. Seule l'inexpérience permet de penser cela. Quand on n'a jamais dirigé le moindre exécutif local, qu'il soit communal, départemental ou régional, on reste un adepte du « yaka fokon ». Mais il y a beaucoup de chemin entre le propos et la mise en œuvre.

Contrairement à ce que croient bien des candidats à la présidentielle, personne ne peut diriger un pays tout seul. Un président a besoin d'une bonne équipe autour de lui à l'Élysée. Il lui faut un Premier ministre qui sache faire travailler son gouvernement, et une majorité attentive et critique si nécessaire. Quand le président dirige seul, il veut se mêler de tout. Du coup, il encourage l'immobilisme de son gouvernement et il a tendance à museler sa majorité. Il ne sent pas le pays. Toute critique est ressentie comme une agression, toute contestation des Français est interprétée comme une injustice due à une mauvaise communication. Pour compenser ces faiblesses, le président élu sur son seul nom recourt à l'autoritarisme. Ce danger existe en France, nous le savons tous.

8

Comment un paysan devient ministre des énarques

Travailler avec des créateurs de mode fut l'un de mes grands plaisirs en tant que ministre des PME. C'est un domaine pour lequel j'ai beaucoup d'affection. Avant son mariage, ma mère était couturière à domicile. Ma grand-mère, qui lui avait transmis son savoir-faire, faisait la petite main pour les grands couturiers qui avaient pignon sur rue en ville. Ils lui confiaient la confection de leurs tenues, qu'elle cousait avec délicatesse, suivant des directives pointilleuses, notamment les robes de mariée. Quand j'allais chez elle, je la voyais s'appliquer sur les multiples petits détails que la future épouse avait choisis avec application. La robe devait être unique et inoubliable. Je suis resté sensible à ces attentions discrètes qui exigeaient tant de précision de la part de ma grand-mère.

*

Ces souvenirs d'enfance sont-ils à l'origine de mon implication auprès des jeunes créateurs au ministère des PME ? Sans doute un peu. J'avais également conscience du poids économique et culturel de cette industrie d'excellence. Aussi ai-je organisé différentes rencontres avec les professionnels, sympathisé avec certains d'entre eux, en particulier deux jeunes créateurs dont la carrière avait décollé quand la star italienne Monica Bellucci avait porté leur création lors de la montée des marches à Cannes.

Très réceptifs à ma démarche de soutien envers les jeunes talents, ils s'étaient mis en tête de me faire découvrir les coulisses du Festival ! Dans ce lieu d'influence pour l'industrie de la mode, me disaient-ils, je pourrais montrer le rôle du ministère vis-à-vis des créateurs. En outre, je ne serais pas le premier des ministres à venir à Cannes, et moi, au moins, j'aurais une bonne raison.

L'idée est séduisante, mais je résiste. En 2005, juste après le Festival, se tiendra le vote sur le référendum européen. Le non va l'emporter. Jacques Chirac devra changer de Premier ministre et de gouvernement. Il serait donc malvenu de faire le beau à Cannes.

*

Quelque temps plus tard, le remaniement a bien lieu. Jean-Pierre Raffarin annonce sa démission peu avant midi. Le nom de son successeur ne sera officiellement révélé qu'en fin de journée, mais il ne fait aucun doute que Dominique de Villepin se verra nommé à Matignon et qu'il va profondément modifier le gouvernement. C'est le jour où il ne faut pas avoir oublié son téléphone. Les conversations sont brèves, pour ne pas occuper la ligne et rater l'appel qui pourrait réorienter votre vie politique. Votre avenir tient à un coup de fil.

L'attente est longue. Pour la tromper entre amis, Renaud Muselier nous a réunis à déjeuner au Quai d'Orsay. Nous, ce sont les mousquetaires chiraquiens. On plaisante, on se raconte de bons moments pour oublier la tension.

Notre hôte fait partie des premiers prévenus. Dominique de Villepin est désolé, mais il n'a plus de place dans l'équipe pour Renaud. Nous tombons des nues : « Tu déconnes ?

— Ben non. »

Avec sa joie de vivre habituelle, Renaud fait bonne figure. Nous sommes décontenancés. Si lui s'en va, qui va rester ? Nous attendons encore. Les téléphones demeurent muets. Frédéric de Saint-Sernin est pressé de questions – il est le cousin du futur Premier ministre. « Frédéric, tu n'as pas une idée ? Dominique ne t'a rien dit ? »

Mais Frédéric n'en sait pas davantage. Comme nous, il découvre au fur et à mesure l'ampleur du remaniement. Son téléphone sonne. Il revient, dépité. « Je suis viré. »

Consternation autour de la table. Après la victoire du non au référendum, nous comprenons que la nouvelle donne exige une subtilité politique qui passe par le sacrifice des amis les plus fidèles. Je quitte le déjeuner sans illusion sur mon sort. On se dit au revoir. On se renouvelle notre amitié quoi qu'il arrive.

*

Mon téléphone sonne enfin. Jacques Chirac me demande de passer le voir à l'Élysée. Comprenant qu'il veut mettre les formes à la fin de mon contrat ministériel, je suis décidé à ne pas lui rendre les choses difficiles. Tout en grimpant l'escalier du vestibule, je me dis que je suis plutôt heureux de mon parcours. Les marches, tendues de velours, étouffent le bruit de mon pas pressé. Elles n'ont rien à voir avec celles du Festival de Cannes.

Jacques Chirac vient à ma rencontre. D'un geste réconfortant de la main sur mon épaule, il me fait entrer dans son bureau. Je le connais assez pour savoir qu'il n'aime pas annoncer les mauvaises nouvelles. Dominique est là, la mine grave. Le président prend la parole : « Tu le sais, en politique, c'est toujours aux amis qu'on demande les plus gros services…

— Écoute, Jacques, moi, je n'ai qu'une chose à te dire : merci, merci, merci ! J'aurai eu deux très beaux ministères. Grâce à toi, j'ai fait un parcours politique dont je n'aurais jamais rêvé. Je te resterai toujours fidèle. Tu peux compter sur ma loyauté… »

Je prends les devants afin de lui expliquer qu'il n'a pas de scrupules à avoir. Je sais que les candidats se pressent pour entrer dans l'équipe Villepin. J'ai eu mon tour. Je quitterai le gouvernement sans amertume.

Pourtant, mon propos semble le contrarier davantage : « Mais tu ne comprends rien !

— Si, j'ai compris…

— Tu vas m'écouter, oui ? Assieds-toi ! »

On a beau se tutoyer et bien se connaître, j'ai beau être décidé à lui éviter cette annonce difficile, quand Jacques Chirac prend ce ton-là, j'obtempère.

« Je vais nommer Dominique à Matignon…

— Oui, oui, c'est bien.

— Tu comprends qu'il ne peut pas commencer avec une grève générale.

— Évidemment.

— Tu sais qu'à la Fonction publique, les syndicats ne veulent plus de Renaud Dutreil.

— Oui, oui…

— On les a sondés. Ils ont dit : "Si Dutreil reste, c'est la grève générale."

— Je comprends…

— Donc avec Dominique, on a pensé à toi.

— Comment ? »

Ma stupeur est totale !

« Si, si. On leur a demandé avec qui ils pourraient accepter de recommencer à discuter. Il y a un nom qui est revenu, c'est le tien. Tu vas prendre le ministère de la Fonction publique et nous éviter la grève.

— Mais tu ne peux pas mettre un paysan au ministère des fonctionnaires ! »

Lors du Conseil des ministres suivant, Jacques Chirac plaisante : « Je ne sais pas ce que l'on retiendra de moi, mais je serai le premier président de la République à avoir mis un paysan à la tête de l'ENA », s'amuse-t-il, car le ministère de la Fonction publique a la tutelle sur cette grande école.

*

J'ai longuement rencontré les syndicats. J'ai appliqué la méthode apprise au CNJA. Voir, juger, agir. Autrement dit, écouter, constater, concilier, décider. Il n'y a pas eu de grève générale. Quelques mois plus tard, en janvier 2006, pour la première fois depuis huit ans au ministère de la Fonction publique, un premier accord est signé et une dizaine d'autres vont suivre. Je ne devais pas lâcher plus de 2 % d'augmentation de mon budget, je resterai en dessous de 1,5. Une nouvelle fois, Jacques Chirac m'a obligé à me surpasser.

Un casting gouvernemental n'a rien à voir avec un casting de cinéma. Dans un film, on prend ceux qui ont le physique de l'emploi. Dans un gouvernement, on choisit ceux qui sauront faire, soit parce qu'ils connaissent bien les enjeux, soit parce qu'ils ont acquis une certaine expérience sur l'art de diriger un ministère, peu importe leur spécialité apparente. On ne prend pas possession d'un maroquin comme on incarne un personnage. Et pourtant, certains présidents donnent le sentiment de constituer leur équipe en se basant sur de simples photos. Les portefeuilles sont attribués en fonction de la légende commerciale mise sur l'affiche. Les « ministres casting » deviennent de simples objets de promotion, des faire-valoir présidentiels au lieu d'être des acteurs autonomes des affaires publiques.

Quand Jacques Chirac m'a demandé d'éviter une grève dans la fonction publique, il m'a donné un objectif, les moyens budgétaires dont j'avais besoin, et il m'a laissé agir. Un président qui est constamment sur le dos de ses ministres et qui les contredit est un président faible. Autant la faiblesse du héros peut créer un bon film dramatique, autant la faiblesse du principal acteur de la vie politique mène le pays à la catastrophe.

9

Les ministères que j'ai préparés sans les obtenir

En 1995, Jacques Chirac est élu président de la République. J'ai basculé en politique un an plus tôt, grâce à lui. Il s'agit maintenant de voir où je peux être le plus utile au mandat du chef de l'État.

Lors d'une discussion à bâtons rompus comme il sait les provoquer, il m'encourage à lui confier mes envies. J'hésite. Ce qui est certain, c'est que j'aimerais ne pas rester cantonné aux seuls sujets agricoles. Enfouie au fond de moi depuis que j'ai quitté le collège, j'ai toujours cette vieille envie de voyager. Mes activités au sein du CNJA m'ont permis de franchir les frontières et de rencontrer des gens très différents qui m'intéressent. J'avoue mon désir au président. En tant que parlementaire, j'aimerais bien m'occuper de l'Afrique. Je me suis déjà rendu plusieurs fois sur ce continent et il m'attire. Une fois lancé, je plaide ma cause avec conviction. J'ai suivi de près le volet agricole des négociations du GATT. Il est important que la position de la France soit connue par tous dans cette partie du monde. Je pourrais élargir mes compétences dans un domaine que je connais bien tout en étant utile à la politique étrangère de Jacques Chirac. Ma proposition est sans doute inattendue. Elle tombe dans un grand silence.

Jacques Chirac me fixe sans rien dire. Puis il lâche une de ses phrases définitives que je ne suis pas près d'oublier : « C'est une bonne idée, tu as une gueule qui va plaire aux Africains. »

Je suis comblé ! Je comprends que le président me confie une mission de confiance. Je crois mon avenir tout tracé.

*

Le GATT ayant été remplacé par l'OMC, effectivement, il n'est pas inutile que les chefs d'État et de gouvernement africains puissent échanger de façon informelle sur la position de la France. Ces prises de contact permettent de préparer les visites officielles du président de la République. Si je m'acquitte bien de ma mission, dans quelque temps je pourrai sans doute obtenir le portefeuille de la Coopération. J'imagine déjà le travail qui pourrait être fait en Afrique et dans d'autres pays exposés à la famine. Je suis prêt à prendre ces problématiques à bras-le-corps.

J'entre donc en contact avec les deux conseillers Afrique de l'Élysée, Michel Dupuch et Fernand Wibaux. Mais ce n'est pas tout, je rencontre également l'homme qui connaît le mieux la géopolitique africaine et qui a conseillé tous les présidents de la Cinquième, Jacques Foccart. Pour le jeune apprenti politique que je suis, c'est un nom qui sonne comme celui d'une légende. Qui mieux que lui a porté le surnom de « Monsieur Afrique » ?

L'ancien résistant, proche du général de Gaulle, est impressionnant. Avant chacun de mes déplacements, au cours desquels je voyage dans plusieurs pays, je vais le rencontrer chez lui, rue de Prony. Foccart me reçoit assis au milieu de son canapé, avec deux téléphones à touches à portée de main. On l'imagine aisément régler des problèmes insolubles en passant d'un chef de l'État à l'autre grâce à ces deux combinés dont on devine les sonneries impatientes. Foccart, lui, est toujours calme. Il me délivre ses conseils tranquillement. Avec précision et finesse, il dresse le portrait des personnes qu'il me faut absolument rencontrer. Il insiste régulièrement sur un détail qui n'en est pas un à ses yeux : je dois faire très attention à l'ordre dans lequel je me présente dans chaque pays. Il faut être attentif aux tampons qui restent imprimés sur mon passeport. Il est des capitales où le visa de certains pays peut compliquer les discussions. Il existe un protocole officieux entre les chefs d'État et les conseillers qui ne supporte aucun impair.

En quelques années, je visite ainsi une bonne trentaine de pays. Mon carnet d'adresses s'étoffe. Ma connaissance de l'Afrique et de sa diversité s'enrichit. Je pense encore davantage au ministère de la Coopération. Jacques Chirac l'a bien compris. Mais deux ans après son élection, en 1997, il doit cohabiter avec le Premier ministre socialiste Lionel Jospin. Mon rêve de portefeuille africain s'évapore.

Mes déplacements se poursuivent, mais de façon plus discrète. J'évite parfois les ambassades, afin de ne pas alerter Matignon qui tente de disputer au chef de l'État sa compétence dans ce domaine régalien. Mes déplacements se raréfient. Je dois me rendre à l'évidence, je ne serai jamais ministre de la Coopération. Comme quoi il ne suffit pas d'avoir été à bonne école, avec la bénédiction du patron, pour obtenir le portefeuille que l'on convoite.

L'attribution des ministères relève d'une alchimie dont seul le président de la République détient la recette. Car il ne suffit pas non plus de convaincre le chef de l'État du bien-fondé d'une nouvelle organisation d'un ministère, aussi originale que prometteuse, pour obtenir d'en être le titulaire. Je le vérifierai plusieurs fois.

*

Si mes responsabilités dans le syndicalisme m'ont conduit à bien connaître les rouages des négociations internationales, mon métier d'agriculteur m'a aussi permis de bien comprendre la vie des chefs d'entreprise. Notamment ceux qui créent leur propre société.

Je connais les affres d'un patron confronté à l'incertitude du marché. Si son affaire n'est plus rentable, il perd toute sa mise personnelle – ce qui n'est pas rien ! –, mais en plus il met en danger les emplois qu'il a créés et, du coup, la vie de ses salariés. Cette responsabilité pèse sur ses épaules. Il est facile d'accuser les patrons d'être les méchants qui suppriment les emplois d'un trait de plume, en oubliant que ce sont aussi eux qui les créent, en prenant des risques personnels. Les deux aspects sont indissociablement liés.

Pourtant, les deux approches ont toujours été différenciées dans l'organisation des gouvernements. D'un côté, à Bercy, nous mettons le ministère de l'Industrie, associé à celui des PME, de l'Artisanat et du Commerce extérieur, et de l'autre, du côté de l'avenue de Ségur, le ministère de l'Emploi associé aux Affaires sociales. Au lieu de concilier les points de vue, cette structuration les oppose irrémédiablement, aux dépens de la cohérence de l'action publique. Les ministres sont entraînés sur des voies divergentes du fait de la spécialisation de leurs interlocuteurs. Le ministère de l'Économie a tendance à simplifier les lois sur le travail, afin de favoriser la liberté d'entreprendre, alors que celui des Affaires sociales ou du Travail, pressé par les organisations syndicales, est tenté de complexifier en distinguant les branches et les situations. Comment imaginer avancer si les deux parties liées sont constamment tenues à distance ?

J'ai donc plaidé plusieurs fois pour la création d'un nouveau ministère, le ministère de l'Entreprise, avec un nouveau périmètre englobant ces deux approches. Malheureusement, il ne verra pas le jour. Je l'ai toujours regretté, car grâce à la supervision de l'ensemble, un seul ministre à la tête d'un seul ministère serait obligé de travailler à la réduction des dissensions en favorisant la croissance des entreprises et par conséquent la création d'emplois, tout en assurant le suivi des salariés et de ceux qui recherchent un emploi. Il serait forcé de négocier avec les deux parties et d'arbitrer en fonction de l'intérêt général. À l'inverse, deux ministres négociant chacun de leur côté, en parallèle, n'arriveront jamais à un résultat bénéfique pour l'ensemble. Ils chercheront forcément le meilleur résultat dans leur seul champ de compétences.

Je me suis ouvert plusieurs fois sur cette approche auprès du président Chirac. Il trouvait l'idée plutôt bonne d'ailleurs. Mais les remaniements se sont effectués dans de tels contextes qu'il ne l'a pas mise en œuvre. Le président a préféré me nommer à un autre poste. Et je reconnais avec bonheur m'y être épanoui et y avoir, je crois, été utile.

Quand, dix ans plus tard, j'ai reparlé du périmètre de ce ministère à Nicolas Sarkozy, le timing n'était, une nouvelle fois, pas le bon. À ce moment-là, je pensais être plus efficace à l'Assemblée. J'ai donc été conduit à refuser l'offre de Nicolas Sarkozy. Plutôt que d'entrer dans le gouvernement Fillon, j'ai préféré être candidat à la présidence du groupe parlementaire. En tant que patron des députés de la majorité, je me suis efforcé de faire vivre un groupe majoritaire qui ne soit ni béni-oui-oui ni rebelle à l'autorité présidentielle. Deux ans plus tard, en 2012, nous entrions dans l'opposition. Candidat à ma réélection, j'étais opposé à Xavier Bertrand et à Hervé Gaymard. Je l'emportais confortablement. Cette compétition aurait pu laisser des cadavres dans le placard, mais nous avons su surmonter cela, avec Xavier, et le dialogue entre nous n'a jamais été interrompu, malgré son départ du mouvement. Le même état d'esprit anime ma relation avec Valérie Pécresse. Ils sont tous les deux présidents de région, ils savent ce que signifie l'engagement et les fédérations départementales des Républicains se sont totalement investies dans leur campagne.

*

Quand on entre en politique, c'est pour servir. Servir son pays. Servir sa famille politique, même si on y trouve bien évidemment du plaisir et un épanouissement personnel. Les circonstances peuvent vous priver de la mission à laquelle vous vous croyiez destiné, et vous pouvez être appelé là où vous ne l'aviez pas imaginé.

La magie de la politique, c'est qu'une fois la surprise passée, vous oubliez tout ce qui a précédé. Vous n'avez qu'un objectif, vous atteler à la tâche qui vous a été confiée. Il ne reste alors que le bonheur de la mission réussie. Cela m'est arrivé plusieurs fois. Et finalement, je me suis réellement accompli dans mes fonctions ministérielles. Même si, la plupart du temps, j'ai commencé par refuser énergiquement les postes que me proposait Jacques Chirac…

10

Le bonheur du maire le dimanche soir

Quand je suis maire de Provins – entre 2001 et 2017 –, le dimanche en fin d'après-midi, à l'heure où un petit vent annonce la fraîcheur du soir, j'aime enfourcher mon vélo pour faire le tour de la ville en m'arrêtant en particulier dans les gymnases, les terrains de sport ou les salles d'exposition. C'est l'heure des fins de matchs et des remises de récompenses, la coupe pour le vainqueur ou une médaille de simple participant, l'heure de décrocher les tableaux et de ranger les salles. On traîne un peu, on discute. On a passé un bon moment ensemble. C'est un instant de sympathie tranquille. Alors, je vais à la rencontre des habitants et ils me disent ce qu'ils pensent de leur ville. Ce qui va et ce qui ne va pas. Nous échangeons sur les attentes des uns, les impatiences des autres, comme sur les satisfactions. Des rencontres tout à fait informelles, au ton très libre, qui sont à mes yeux un rendez-vous très important. On y apprend souvent beaucoup plus sur sa commune que lors de rencontres plus organisées et un peu convenues. Ce petit tour me permet de vraiment sentir la ville.

J'aime ce rituel. J'aime rencontrer les gens et discuter avec eux. Chaque dimanche soir est différent et c'est toujours une expérience privilégiée. Cela ne m'a jamais pesé, au contraire, j'y prends du plaisir.

*

Provins compte 43 % de logements sociaux. L'un de ces ensembles a été classé « quartier prioritaire de la politique de la ville ». Quand je vois ce quartier, où j'ai pu faire rénover entièrement les logements et leur environnement, ouvrir des équipements sportifs et associatifs, je sais que cette réalisation change profondément la vie des habitants. J'écoute leurs remarques pour envisager les améliorations qu'il faudrait apporter. Un maire a toujours plein de projets en tête pour tous ses concitoyens, aussi différents que soient leurs catégories sociales ou leurs centres d'intérêt.

Provins est une ville historique où a été érigé un palais des Comtes de Champagne. Au Moyen Âge, la ville battait sa propre monnaie, était connue pour ses foires, elle était l'une des cités les plus importantes du pays après Paris et Rouen.

Grâce à la détermination et au travail acharné d'Alain Peyrefitte, qui avait su présenter et défendre remarquablement le dossier d'inscription au patrimoine mondial de l'humanité alors que je n'étais qu'un jeune maire fraîchement élu, j'ai eu l'honneur de dévoiler la plaque officialisant le classement de Provins à l'Unesco en 2002. Jacques Chirac, le président de la République, était présent aux côtés de Mme Peyrefitte. Son mari nous avait malheureusement quittés trois ans plus tôt. Provins compte plus de soixante monuments historiques. Grâce à Renaud Donnedieu de Vabres, alors ministre de la Culture, nous avons pu nous engager dans un grand plan de restauration du patrimoine, dont les remparts qui font la renommée de la ville.

En organisant de nombreux rendez-vous touristiques comme les Fêtes médiévales, les spectacles de fauconnerie, de chevalerie, la fête de la Moisson, les Lueurs du temps, le prix du Livre médiéval, le Salon du livre ou encore le marché de Noël, nous avons permis à Provins de prendre place parmi les sites les plus visités en Île-de-France, hors Paris. Cette activité génère 600 à 700 emplois directs. J'ai tenu à consacrer chaque année un quart du budget d'investissement au patrimoine historique, sans pour autant négliger le reste. Les Provinois l'ont toujours bien compris parce que le succès de notre activité touristique et la création d'emplois qui en découle n'existent que grâce au remarquable patrimoine dont chacun est à la fois l'héritier et le légataire.

*

Lors de ma première élection en 2001, la liste que je conduis l'emporte au second tour avec un peu plus de 40 % des voix, dans le cadre d'une triangulaire. Sept ans plus tard, en 2008, nous obtenons plus de 70 % des suffrages dès le premier tour, et nous améliorons encore ce résultat en 2014 à plus de 73 %. La ville a été dirigée pendant trente-deux ans par Alain Peyrefitte. En 1995, l'ancien ministre de De Gaulle, Pompidou et Giscard choisit de quitter l'Assemblée nationale et de rejoindre le Sénat. Deux ans plus tard, il quitte son fauteuil de maire pour le laisser à son premier adjoint. Élu député européen en 1994, je suis également devenu député à l'Assemblée nationale l'année suivante. À l'époque, nous avons la possibilité de cumuler ces deux mandats. Avec cette double casquette, je fais mes classes de parlementaire au sein de la majorité présidentielle. Mais à l'occasion des élections municipales de 2001,

Jacques Chirac m'avertit : « Maintenant, il faut vraiment faire de la politique. »

C'est ce que je croyais avoir commencé à faire, mais à ses yeux, « faire vraiment de la politique », c'est s'investir dans une circonscription, mais aussi à la tête d'une mairie.

Provins représente déjà, pour moi, un attachement affectif. J'y suis allé au collège en tant que pensionnaire. Ce qui, au fils unique que j'étais, qui plus est habitant dans une ferme isolée, permit la découverte de la force de l'esprit de groupe. Ce collège, c'est Sainte-Croix, celui où Louis Malle tourna le merveilleux *Au revoir les enfants*, film qui nous rappelle le courage et la générosité de certains héros méconnus pendant la guerre.

Ma famille habite dans un rayon d'une cinquantaine de kilomètres autour de la cité médiévale depuis 1664. Autant dire que j'y suis chez moi. Mais, en interne, ma candidature aux municipales ne va pas pour autant de soi. Il me faut un peu bousculer les habitudes installées depuis trop longtemps. À l'inverse, j'ai constitué une équipe dynamique et renouvelée. Entre nous, comme je l'ai fait aussi lorsque j'étais chez les Jeunes Agriculteurs, nous pestons et tapons pas mal sur les anciens qui s'accrochent. Bientôt, je m'efforce de m'en souvenir : j'ai toujours eu à l'esprit l'idée qu'il fallait que je passe le relais à la mairie. Et très vite, j'ai su que je ferais en sorte de le transmettre à Olivier Lavenka, mon ancien directeur de cabinet. Autant dire que tous les projets que j'ai pu mener en seize ans de mandat de maire ont été élaborés en étroite collaboration avec lui.

*

Le propre d'un maire est certes de prendre plaisir à voir la ville changer en fonction des attentes des habitants, mais il est aussi d'avoir plusieurs projets sur le feu. Il doit constamment propulser sa cité dans l'avenir. Je n'ai jamais eu de mal à préparer un nouveau programme en fin de mandat, tant les actions réussies en appellent d'autres. Plus ou moins spectaculaires. La transformation de la halle du Minage en marché couvert, la création du centre culturel et sportif avec sa saison culturelle et son théâtre de 600 places marquent les esprits. Avec la rénovation du quartier Champbenoist, au-delà des modifications urbaines, c'est l'ambiance générale du quartier et la vie quotidienne de ses habitants qui se sont améliorées. Le patrimoine, le sport, la culture, l'habitat, l'accompagnement des entreprises et du commerce sont autant de leviers d'action à la disposition d'un maire. Dès le départ, j'ai eu à cœur de travailler pour tous, sans privilégier un électorat plutôt qu'un autre. Mon score a, de fait, toujours été équilibré entre tous les bureaux de vote. Si bien que je ne dois pas mes réélections successives à un quartier plutôt qu'à un autre. C'est une évidence à mes yeux, l'action politique doit s'adresser à tous. Aucune catégorie sociale ne peut être négligée.

Je n'avais pas fait le tour de mon activité en tant que maire quand j'ai décidé que mon troisième mandat serait le dernier. Si j'avais planifié mon action sur six ans, la loi interdisant de cumuler les fonctions de maire et de député m'a obligé à quitter l'hôtel de ville prématurément. J'en ai été frustré. Je l'ai vécu même comme une forme d'humiliation m'interdisant de terminer le mandat que m'avaient confié plus de 70 % des Provinois. Cet « abandon » de mon poste de maire fut un déchirement. Parce que ce renoncement était subi et non choisi, mais sans doute aussi parce que j'avais le sentiment d'être empêché de tenir mon engagement jusqu'au bout.

Ce mandat restera celui qui m'a apporté le plus de satisfaction. J'ai été davantage marqué par mon premier discours lors de mon premier conseil municipal que par la première fois où j'ai pris la parole à l'Assemblée. Le lien avec une commune est sans doute plus affectif, peut-être plus intime.

Il est en tout cas toujours associé au plaisir des rencontres et des échanges. Je crois que ce plaisir se voit. Il est la preuve de la sincérité de nos engagements.

La sincérité est une clé fondamentale de la politique. Les électeurs ne pardonnent pas à ceux qui avancent masqués ou qui s'arrangent avec la vérité. Un élu peut commettre une erreur, mais il ne peut la déguiser ou en faire porter la responsabilité à autrui. Les déceptions électorales et le rejet de la politique viennent de là. Les Français ne supportent plus que les acteurs politiques se dédouanent de leur responsabilité. Si le maire continue d'être l'élu le plus apprécié des Français, c'est aussi parce qu'il est le plus proche de ses électeurs. Il parcourt sa ville. Il y habite. Il y vit lui-même. On peut le croiser dans la rue. La sincérité de son engagement se mesure à chacune de ces rencontres informelles. Aucun exercice de communication, aussi élaboré et faussement naturel soit-il, ne remplace les impressions ressenties de part et d'autre lors de ces contacts réguliers et imprévus. L'art de la politique, c'est aussi de savoir dépister les signes discrets qui disent beaucoup des attentes de la population. Un élu qui n'a pas la possibilité de sonder le pays à travers sa terre d'élection ne peut totalement le comprendre et bien le diriger.

Aucune note, aucun sondage, aucun conseil en communication ne remplacera jamais ces échanges directs où l'authenticité parle.

Je ne suis plus maire, mais j'ai toujours autant de bonheur à faire le tour de la ville ou à aller y faire le marché le samedi matin. Je discute avec les habitants, pour le plaisir. Je constate que mon successeur est très apprécié. Cette transmission réussie est l'une de mes plus grandes fiertés.

11

Qui paie décide, qui décide paie

Après les retrouvailles de Noël en format restreint, le réveillon du 31 décembre 2020 est placé sous le signe de la restriction pour des millions de Français. Le virus ne desserre pas son étreinte pour les fêtes de fin d'année. L'angoisse de la maladie est toujours là. Le seul espoir réside dans un déploiement massif et rapide de la vaccination mais, bizarrement, Emmanuel Macron paraît indécis. Il donne le sentiment de tâtonner. Il hésite sur la conduite à tenir.

Comme tous les ans, je fais le tour des services publics mobilisés pour cette soirée particulière. Olivier Lavenka, le maire de Provins, est avec moi. Nous saluons les gendarmes, les policiers, les pompiers, tous prêts à se dévouer au moindre appel d'un Provinois en détresse.

Nous arrivons à l'hôpital et logiquement nous évoquons la question de la vaccination avec son directeur. Il nous explique qu'il a été chargé de mener celle des plus de soixante-dix ans. Pour un profane, confier l'organisation de ce geste médical au milieu hospitalier peut sembler relever du bon sens. Mais pour les élus locaux que nous sommes, cette évidence est loin d'en être une. J'interroge le directeur de l'hôpital : comment va-t-il contacter les Provinois de plus de soixante-dix ans ?

C'est à ce moment-là, quand on passe de la théorie à la pratique, que ce qui semblait une évidence devient un non-sens. L'hôpital ignore de quelle manière atteindre cette population, et comment l'acheminer sur place, où, de plus, aucune salle n'a été conçue pour effectuer des injections en grand nombre.

Si les maires étaient mis dans la boucle, il en irait tout autrement. Par les listes électorales et les services à la personne, nous connaissons les habitants concernés, et savons où les trouver. Nous avons même un système de communication avec eux par SMS. Ceux qui n'ont pas de téléphone portable sont recensés et joignables physiquement. Nous savons aussi ouvrir des salles et organiser le transport des moins autonomes. Mais ni Emmanuel Macron ni ses conseillers n'ont la connaissance du terrain qui leur permettrait de dépasser des théories abstraites toutes faites et inefficaces.

L'engagement local est totalement inconnu de la plupart d'entre eux. Ils parlent de proximité, mais ils ne savent pas ce que c'est. Ils croient qu'une présence sur les réseaux sociaux suffit à se faire connaître. Les parlementaires sans ancrage confondent l'action avec le commentaire.

*

Le plus grave, c'est que non seulement Emmanuel Macron et son entourage ne connaissent rien à la vie locale, mais qu'en plus ils s'en méfient. Pour eux, les maires ou les présidents de conseils départementaux bien implantés ne sont pas des élus de terrain sur lesquels l'État peut s'appuyer, ce sont des « baronnies » – terme que nous avons entendu lors du débat sur l'interdiction du cumul des mandats – qui font de l'ombre à l'aura présidentielle et dont il convient de se défier.

Faute d'avoir été élu dans une circonscription, une mairie, un département ou une région, le président considère toutes ces structures d'en haut, avec un regard partisan, qui distingue ceux qui soutiennent sa majorité aux élections et ceux qui la combattent. Pour lui qui croit exercer le regard d'un chef d'entreprise qu'il n'a jamais été, les différents échelons de la décentralisation sont comparables à différents niveaux de collaborateurs. Il s'est donc efforcé de transformer les élus locaux en obligés, c'est-à-dire en des représentants qui lui sont redevables, comme le sous-directeur doit rendre compte à son directeur.

*

La suppression de la taxe d'habitation a forcément ravi les Français. Sauf que cette taxe ne finançait pas l'État, mais le budget des communes. Emmanuel Macron s'est offert les bénéfices politiques d'un cadeau qu'il ne payait pas de sa poche, mais de celle des élus d'un autre bord politique que le sien. Il pensait ainsi les amener à se montrer conciliants. Le calcul est simple, les communes doivent quémander leurs subsides au patron de l'Élysée. De fait, elles sont mises sous tutelle. Purement et simplement.

Ses supporters sont tellement pénétrés de cette logique macronienne qu'un député a confié cette phrase invraisemblable à un journaliste de *L'Opinion* à propos d'un président de région sortant qui refusait de s'allier avec la liste La République En Marche pour le second tour des régionales : il « a été très bien traité par la majorité présidentielle. Il a reçu des fonds importants pour accélérer le déploiement de la fibre. Peut-être qu'après son élection, on sera moins gentils avec lui ».

Ce propos est choquant à plusieurs titres. D'abord, il s'apparente à une menace. Ensuite, il révèle que les aides de l'État Macron ne sont pas attribuées selon l'intérêt des populations, mais en fonction du retour que peut en espérer la majorité. Et pour finir, il s'essuie les pieds sur cette notion fondamentale qu'est l'impartialité de l'État.

Ce pilier de notre système ne semble pas faire partie des principes du président actuel, au contraire. En voulant faire des élus ses obligés, Emmanuel Macron prive l'action publique d'une souplesse et d'une réactivité indispensables. La crise du Covid aurait dû induire une réponse décentralisée, adaptée aux besoins et aux spécificités des territoires. Au lieu de quoi, pour ne pas redonner une liberté d'action à des élus qu'il veut corseter, le pouvoir a répondu bureaucratie, hypertechnocratie et recentralisation. Après avoir instauré un climat de guerre contre le Covid, le pouvoir national est resté claquemuré derrière ses remparts, avec la clé de la salle des armes et de la réserve de munitions qu'il distribuait au compte-gouttes. Mais quand c'est la guerre, on donne un fusil à l'instituteur !

Il est urgent de remettre de la clarté dans l'action publique. Son illisibilité n'est pas sans conséquence sur l'abstention que nous constatons aujourd'hui. Le travail des élus locaux ne peut pas être alourdi et ralenti par l'État. Le pays a besoin de pouvoirs publics réactifs qui épousent les particularités de chaque territoire.

À l'État de définir le champ de compétences des différentes collectivités. Aux collectivités de mener les politiques qui leur semblent les plus adaptées aux besoins de leur population, avec réactivité et souplesse. À elles, surtout, de les expliquer et de les assumer face aux électeurs. Quand un département aménage une route plutôt qu'une autre, il doit pouvoir justifier ce choix de la même façon qu'un maire doit pouvoir augmenter ses impôts s'il pense que les habitants de sa commune le supporteront au regard de l'amélioration qu'il compte leur apporter. À lui de convaincre de la justesse de sa décision la population, qui peut comprendre que tel quartier a davantage besoin d'une rénovation urgente plutôt qu'un autre. Ce sont ces discussions qui créent l'identité des habitants, conscients d'appartenir à une même collectivité.

En supprimant la taxe d'habitation, Emmanuel Macron a aussi supprimé la justification de l'impôt. Cette contribution au budget commun devient une ponction très concrète sur le pouvoir d'achat pour une utilisation totalement abstraite. Qui paie décide, et qui décide paie, voilà un principe élémentaire dans la gestion des affaires publiques que nous devons retrouver. Il oblige les responsables politiques à assumer leurs choix devant les électeurs et il permet aux électeurs de mesurer la portée de l'action publique. C'est l'une des clés indispensables à la restauration de la confiance entre les Français et leurs représentants.

12

Préserver la planète sans sacrifier ses habitants

J'ai occupé trois ministères dans ma vie, mais jamais celui de l'Agriculture. Pourtant, mon expérience au gouvernement est souvent résumée à ce portefeuille imaginaire. Cette confusion peut s'expliquer par mon engagement précoce dans le syndicalisme agricole et par le fait que je reste très impliqué sur ces dossiers, même si j'ai volontairement élargi mon champ de compétences. Je suis profondément convaincu que ce qui se joue dans le monde de l'agriculture et de l'alimentation révèle les impasses politiques dont nous devons sortir aujourd'hui dans la plupart des domaines. Depuis dix ans, nous abordons nos problèmes à l'envers. Nous nous contentons d'essayer de nous adapter aux conséquences, sans nous demander comment faire disparaître, ou au moins réduire fortement, l'origine de ces problèmes. Quand le frigo est vide, il faut aller faire des courses, au lieu de se dire qu'après tout on n'a pas si faim.

L'alimentation n'est-elle pas la première des priorités humaines ? N'est-ce pas la première responsabilité de tout acteur politique que de s'assurer qu'une nourriture suffisante, saine et respectueuse de la planète est accessible à tous ?

Personne ne conteste le bien-fondé de ces impératifs. Et pourtant, des idéologies politiques ont perverti ces évidences pour en faire des éléments clivants, au point de transformer ceux qui nous nourrissent en prédateurs. Les agriculteurs sont quasiment accusés de nous tuer en polluant la planète. Non seulement cette idée fausse est une ineptie, mais en plus elle nous conduit dans un cul-de-sac planétaire.

Cette simplification dramatique s'est imposée insidieusement au fur et à mesure que les agriculteurs devenaient de moins en moins nombreux en France. L'Insee a dénombré 400 000 exploitants en 2019. Ils étaient quatre fois plus nombreux (1,6 million) en 1982. En quarante ans, leur part dans l'emploi est passée de 7,1 à 1,5 %. Derrière ces chiffres se cache l'explication toute simple de ce grand malentendu. Les agriculteurs étant de moins en moins nombreux, les Français ne les connaissent plus. Ils ne savent pas comment ils se forment, comment ils travaillent, à quel rythme, avec quels outils, dans quelles conditions et selon quels principes.

Beaucoup de nos compatriotes ignorent le monde paysan. Ils ne l'ont jamais rencontré « en vrai », comme disent les enfants. Du paysan, ils n'ont qu'une caricature. Celle du « Gaulois réfractaire », conservateur, replié sur des certitudes anciennes. Une image des années 70 où plus de 80 % des agriculteurs n'avaient aucun diplôme. Or, aujourd'hui, ils sont de plus en plus diplômés, de plus en plus formés à l'agronomie, à la protection des plantes, mais aussi aux enjeux géostratégiques et à la connaissance du monde.

Ce manque d'échange accroît la solitude du monde rural. L'agriculteur se sent seul face à ses problèmes financiers et administratifs, face au yoyo des prix, face à la vindicte qui l'accuse d'être le fossoyeur de la planète. Certains n'y résistent pas et abandonnent la partie. Mais au lieu de s'interroger sur les causes profondes de leurs suicides, une partie de la société, mal informée, voit dans ce malaise meurtrier l'incapacité des agriculteurs à s'adapter à de nouveaux enjeux. Or, c'est tout le contraire, précisément.

*

L'écologie politique n'est pas pour rien dans cette description volontairement fausse. Des faucheurs volontaires aux commandos de vegans, les actions violentes empêchent les agriculteurs de s'expliquer calmement. Quand on leur donne la parole, en pleine crise, ils apparaissent comme des gens en colère, obtus, tournés vers le passé. Au-delà de leurs protestations indignées face à cet agri-bashing indigne, personne n'entend leur version des faits. Et pour cause : l'écologie politique ne souhaite pas débattre, elle a juste besoin d'un repoussoir.

Beaucoup de ceux qui se sentent écologistes et défenseurs de l'environnement sont de bonne foi. Ils ne peuvent pas accepter l'idée de laisser leurs enfants vivre sur une terre qui ne parviendrait plus à subvenir à leurs besoins. Je les comprends. Je partage le même souci pour ma descendance. C'est bien pour cette raison que je pense que l'écologie politique les trompe. Elle ne propose pas de solutions à nos problèmes, elle impose un concept de vie défaitiste.

Aujourd'hui, personne ne conteste les conséquences néfastes des gaz à effet de serre et du réchauffement climatique. Mais au lieu de résoudre ce problème, l'écologie politique s'incline avec fatalisme et considère qu'il faut désormais produire moins sur de petites surfaces en refusant, par principe, les progrès de la science. Sans se poser la question de savoir comment nourrir le milliard et demi de personnes qui grossira la population planétaire d'ici à 2030.

Sauf à lancer un grand plan de déforestation mondiale pour mettre davantage de terres en culture, renoncer à la viande ou limiter autoritairement le nombre de naissances, voire laisser la famine décimer certaines populations, je ne vois pas de solutions sérieuses émerger de ce côté. Est-ce vraiment cela que nous voulons ? Préserver la planète et laisser ses habitants mourir de faim ?

Je crois au contraire que nous avons l'obligation d'affronter le réchauffement climatique en cherchant des solutions qui permettent de nourrir les populations, en réduisant les émissions de gaz à effet de serre et en misant sur la recherche et l'innovation.

En France, le contresens majeur est de croire que l'on peut réduire les rendements à l'hectare, mais en cultivant davantage de produits agricoles de meilleure qualité, tout en baissant les coûts de production et donc les prix. Cette utopie est un mensonge politique, juste bon à récolter des voix. Cette tromperie électoraliste amène les dirigeants qui se prétendent soucieux de l'avenir de la planète à surjouer les vertueux. Pour s'afficher en vert, ils pénalisent les producteurs français qui subissent des contraintes plus exigeantes que celles imposées aux importations. À trop vouloir faire mieux que tout le monde, nous jetons des clous sous les roues de notre propre vélo.

Il est donc urgent de changer notre fusil d'épaule et d'affronter les enjeux à venir plutôt que de les contourner. La politique est là pour résoudre les problèmes, pas pour les dissimuler en les niant ou pour se lamenter en les constatant. Les conséquences de ces deux attitudes adoptées par nos gouvernants depuis dix ans ont éclaté lors de la crise du Covid.

*

Les Français se sont aussi rendu compte que leur puissance industrielle s'était évaporée. Ils ont compris que nous avions besoin de reconstruire notre autonomie et notre indépendance concernant les domaines vitaux que sont la production alimentaire, l'énergie et la santé, par exemple.

Nous sommes aujourd'hui à la croisée des chemins. Nous devons hiérarchiser nos priorités. La France a toujours été une puissance agricole reconnue dans le monde entier. Un responsable politique français doit maintenir ce rang. Cela fait partie du legs qu'il reçoit lors de son élection et qu'il doit transmettre, au moins intact si ce n'est renforcé, à son successeur.

Nous devons partir des besoins pour définir notre politique. L'ambition conduit l'action en fonction du constat. Et non l'inverse, l'action qui renoncerait devant le constat.

En énonçant cette évidence, nous touchons un clivage majeur. Pour l'écologie politique, le constat – l'épuisement des ressources de la planète – impose l'inaction et conduit à la décroissance. L'homme doit se priver de vivre pour épargner les ressources de la planète. Le constat efface l'ambition. Je crois qu'il faut poser la question différemment, car pour moi, l'homme demeure au centre des réflexions.

Si les ressources se réduisent, il est indispensable de trouver des solutions pour diminuer l'utilisation de nos ressources sans restreindre nos droits et nos libertés. La possibilité de manger à sa faim et sainement est un impératif pour toute la planète. Il suppose de développer la recherche et l'innovation pour compenser l'épuisement des ressources naturelles.

Pour les Verts, l'agriculture serait un problème. Cette affirmation est une contre-vérité totale. En réalité, une partie des solutions passe par l'agriculture, qu'il s'agisse des biocarburants, de la capacité à stocker le carbone dans le sol pour compenser les gaz à effet de serre, du stockage de l'eau, ou de la recherche afin de proposer des produits sains avec un meilleur rendement.

*

Je ne rentre pas dans les détails, mais cet enjeu traduit ma conception de la politique. Au lieu de se lamenter avec résignation en accentuant le déclin ou au contraire de protester sans solution en dressant une partie de la population contre une autre, le responsable politique doit avoir le courage de poser un constat lucide et de trouver et proposer les solutions qui mobilisent la nation.

13

Parlement et gouvernement : chacun chez soi

L'antiparlementarisme n'est pas une nouveauté. Il a marqué la Troisième, puis la Quatrième République. La Constitution du général de Gaulle nous a longtemps prémunis contre cette dérive. Mais force est de constater que nous y sommes revenus. Certaines postures adoptées en 2017 peuvent faire penser au slogan de Pierre Poujade lors des législatives de 1956 : « Sortez les sortants ! »

*

Je suis un parlementaire passionné depuis bien longtemps, et cette évolution me préoccupe beaucoup. Je défends constamment la parole des élus à l'Assemblée nationale. J'ai toujours rempli cette mission avec conviction, mais je ne suis pas aveugle. Je vois bien que, d'année en année, insidieusement, le blues des laissés-pour-compte gagne les députés. Ils se demandent de plus en plus à quoi ils servent. Pourquoi se démener autant pour, au final, être si mal considérés ?

D'un côté, ils sont constamment soupçonnés de profiter de leur position. Ils doivent continuellement prouver leur bonne foi, en justifiant tous leurs actes, y compris dans leur vie privée et celle de leurs proches. Cette surenchère de la transparence ne dissipe pas la suspicion, au contraire, elle la nourrit. Plus vous prétendez atteindre la transparence, plus vous entretenez l'idée qu'il reste encore des choses cachées, car la transparence totale n'existe pas.

De l'autre côté, la capacité d'action des députés est de plus en plus réduite, du fait de leur élection dans la foulée de celle du président de la République. Quand il est dans l'opposition, le député a tort par principe, puisqu'il appartient au camp qui vient de perdre. Les électeurs l'ont désavoué. Et quand il est dans la majorité, même s'il appartient au camp des vainqueurs, il n'a été élu qu'après le président de la République, c'est-à-dire grâce à lui. Il n'a pas de légitimité personnelle, surtout s'il exerce son premier mandat.

La présidence Macron représente bien cette évolution. Le camp de la majorité ne s'organise pas à l'Assemblée, mais à l'Élysée. Les députés, qui constituent pourtant la majorité parlementaire dont dépend le gouvernement, sont totalement soumis au programme et à la volonté du chef de l'État. Lequel ne se prive pas de mettre en exergue ce lien de domination en réduisant la capacité d'initiative des députés. Emmanuel Macron attend d'eux qu'ils exécutent, ou même devancent, ses désirs, et surtout sans discuter.

Soupçons permanents, initiatives bridées, le cercle vicieux est en place pour accélérer la déconsidération des députés. Or, au lieu de tenter de freiner cette dérive, il faut bien le reconnaître, les parlementaires eux-mêmes ont tendance à accélérer le mouvement. Plus ils sont mis en cause, plus ils s'excusent d'exister. Du coup, tout le monde s'essuie les pieds sur l'Assemblée.

Le couple exécutif, président de la République et Premier ministre, est facilement tenté de le faire. Le président, élu quelques semaines avant les députés, est convaincu que les parlementaires lui doivent leur élection, ce qui n'est pas faux. Quant au Premier ministre, comme il doit sa place et donc sa légitimité au président de la République, il se sent de plus en plus l'obligé du chef de l'État, et non le chef de la majorité. Il est facilement tenté de suivre aveuglément son patron plutôt que d'entendre des députés qu'il suffit de menacer d'un vote de confiance pour les réduire au silence. Ce cycle infernal asphyxie le système démocratique. Il nous faut absolument faire revivre le débat républicain en permettant au Parlement de retrouver son rôle.

*

Face à une situation complexe, j'ai une certitude maintes fois éprouvée : il faut toujours en revenir aux fondamentaux.

Les fondamentaux de la Cinquième distinguent le pouvoir exécutif du pouvoir législatif. Cette distinction n'est pas accessoire. Elle correspond au principe fondamental de la séparation des pouvoirs. Cela signifie simplement que l'exécutif exécute la loi, c'est-à-dire qu'il la met en œuvre, alors que le législatif légifère, c'est-à-dire qu'il rédige la loi et contrôle son application par l'exécutif.

Aujourd'hui, la confusion entre ces trois actions est totale. C'est comme si l'on confondait celui qui fait le menu et celui qui fait les courses avec le cuisinier. Les Français sont persuadés que le gâteau est prêt dès la sortie du marché, c'est-à-dire que la loi est achevée et sera mise en œuvre dès son annonce sur le perron de l'Élysée à l'issue du Conseil des ministres. Or, le rôle du président n'est pas de rentrer dans les détails de l'application des textes. Le chef de l'État choisit le menu, il lui appartient de définir le cap politique dans lequel s'inscrit la loi. C'est pour cette raison qu'une loi doit avoir un sens et préciser une approche spécifique en fonction de certains principes forts. L'esprit de la loi permet de bien la construire, puis de bien l'appliquer. Une loi n'est pas un catalogue à la Prévert sans cohérence. La juxtaposition de mesures disparates ne fait pas une bonne réforme, car cela produit un texte incompréhensible qui ajoute à la confusion générale.

Une fois le cap posé par le président en Conseil des ministres, le ministre compétent doit suivre l'élaboration du texte par les parlementaires en s'assurant que le cap présidentiel ne se perd pas lors des discussions à l'Assemblée et au Sénat. Le bicamérisme n'est pas superflu, car il permet aux députés et aux sénateurs représentatifs de la diversité du pays d'harmoniser leurs positions pour élaborer une loi qui serve durablement l'intérêt général.

Une fois la loi votée, le ministre assure sa mise en œuvre par les décrets d'application. Et normalement, les parlementaires devraient s'assurer de la conformité de l'exécution avec les objectifs initiaux. Ce qu'ils ont du mal à faire aujourd'hui, par manque de moyens administratifs.

Pourtant, nous venons de le voir, l'apport du législatif dans la production des lois n'est pas négligeable. Lui seul, du fait qu'il représente la diversité du territoire à partir de la terre d'élection de chacun de ses représentants, peut construire une loi conforme aux intérêts divers du pays. Il n'est pas obligatoire d'être élu pour être ministre, mais – pardonnez cette lapalissade – pour être député ou sénateur, oui.

*

Il est temps d'oser le dire, quitte à ne pas aller dans le sens du vent : la représentation de la diversité du pays par les parlementaires est fortement bridée par le non-cumul des mandats.

Quand les candidats à un mandat national sont désignés sur la foi de leur adhésion à la campagne présidentielle du moment plutôt qu'à partir de leur connaissance de leur terre d'élection, ils arrivent à l'Assemblée comme des plantes cultivées hors-sol. Ils ont « un »soleil, mais pas de racines. Et ils sont voués au dessèchement. Par nature, faute d'expérience locale, ces députés connaissent mal les attentes concrètes de leurs électeurs et ignorent la portée réelle de leur action législative sur le terrain. Vous allez me dire qu'ils peuvent bénéficier d'une connaissance acquise lors d'un précédent mandat. C'est vrai, mais dans ce cas-là, ils courent le risque de rester prisonniers d'un constat dépassé et d'être incapables de mesurer l'évolution du pays et de ses habitants. Or, nous le voyons bien, le pays et le monde bougent de plus en plus vite.

Paradoxalement, l'interdiction du cumul des mandats, qui était supposée réduire la distance entre les élus et leurs électeurs, n'a fait que l'accentuer.

Je vais prendre un exemple que j'ai suivi de près lors du projet de loi sur le Grenelle de l'environnement lancé par Nicolas Sarkozy.

Le gouvernement envisageait de supprimer les publicités sur les abribus à proximité des écoles, montrant ainsi à l'opinion publique qu'il prenait très au sérieux la défense des enfants « agressés par les publicités ». En réalité, c'était surtout une secrétaire d'État en mal de notoriété qui voulait se faire sa propre publicité sur le sujet en nous expliquant qu'il n'était pas souhaitable que les enfants soient exposés à des réclames en attendant leur bus. De mon point de vue, les agressions sont beaucoup plus violentes et incontrôlées sur les écrans de télévision ou de téléphone portable que sur les abribus, mais enfin…

À ce moment-là, si vous n'avez pas au Parlement des élus ayant un peu de bon sens et surtout celui des réalités qui s'imposent à un maire ou à un président de conseil départemental, vous ne pourrez jamais recadrer un secrétaire d'État déconnecté du terrain. Car ce que savent les élus locaux, contrairement aux élus ou responsables sans mandat local, c'est que les abribus sont proches des centres scolaires pour la simple et bonne raison que leur emplacement est destiné à faciliter la vie des familles. Or, ce sont les publicités qui financent ces abribus. Si on supprime la pub, on supprime l'abribus. Ou bien on demande aux contribuables de le payer.

Cette charge supplémentaire est-elle indispensable, comparée aux ajustements qui pourraient être discutés sur le contenu de ces publicités ? La réponse va de soi. Mais sans l'expérience de parlementaires qui étaient aussi des maires et des élus locaux, l'affichage aurait été interdit avant que l'on se rende compte, un peu tard, des conséquences.

*

Quand un élu exerce un mandat législatif national et dirige un exécutif local, il est constamment rappelé à l'ordre par le terrain. Tandis que l'action d'un député sans aucun pouvoir local se borne à la défense des intentions du président de la République, auquel il doit son élection. Cette approche entretient la confusion entre intentions et action. Annoncer une mesure n'a rien à voir avec sa mise en œuvre effective. Il faut impérativement redonner aux maires la possibilité de siéger à l'Assemblée et au Sénat au moment où les Français réclament plus de proximité et de contacts avec leurs élus. Le Parlement ne peut pas se passer de ces élus qui portent le réalisme et la proximité.

*

La possibilité de cumuler un mandat local et national ne résoudra pas, à elle seule, la crise de confiance subie par les élus, mais elle contribuera à remettre du bon sens dans les décisions nationales. Cette crise est aussi une crise de fonctionnement – de gouvernance – qui ne se résoudra pas non plus sans un changement de méthode que seul l'exécutif peut impulser.

Pour que le Parlement retrouve sa légitimité, l'exécutif doit retrouver sa vocation, qui est donc de tracer la voie permettant de tenir le cap fixé par le président, et de laisser les députés et les sénateurs entrer dans les détails de la loi. Il s'agit bien pour le président et son gouvernement de renoncer à se mêler de tout, tout le temps. Je sais que cette proposition peut surprendre, mais en réalité, elle relève du bon sens. Chacun doit remplir sa mission à la place qui est la sienne.

Imaginons que nous sommes un collectif qui habite une vieille maison un peu défraîchie. Le président a été élu parce qu'il a proposé de repeindre entièrement le bâtiment. Il a ainsi donné le cap. Mais ce n'est pas à lui de définir le nombre de couches de peinture qu'il faut appliquer et si cela doit être fait au pistolet, au rouleau ou au pinceau. Ces précisions relèvent du législatif, c'est-à-dire du Parlement, qui élabore le plan de travail et la liste des fournitures. Le ministre distribue les rôles par décret et confie sa mission à chacun. Les parlementaires réceptionnent ensuite les travaux au nom de tous les habitants de la maison.

Quand tout le monde s'occupe de tout, c'est le bazar. La démocratie exige de la clarté et une répartition des rôles précise. Même si le président de la République est élu sur son nom, il doit clairement définir sa ligne et constituer sa majorité autour de ces orientations. Les électeurs doivent pouvoir élire les députés en toute connaissance de cause. Je suis convaincu que ce n'est pas la Constitution qui est à blâmer, mais la méthode de gouvernance et l'inexpérience de ceux qui nous dirigent.

*

Lorsque l'on évoque le renforcement du pouvoir du Parlement, on fait souvent référence à l'Allemagne. Pour ma part, je reste très réservé sur un système de coalition à l'allemande. La répartition de nos pouvoirs diffère trop de l'organisation germanique pour que ce soit envisageable.

En France, où le chef de l'État dispose de pouvoirs considérables, nous avons tendance à confondre débauchages individuels et accord de majorité. Les débauchages se font en coulisse et ne sont validés par personne, si ce n'est le débaucheur et les débauchés. Un programme de majorité doit être exposé et débattu devant le Parlement, et donc le pays. Si en 2017, au lendemain des législatives, Édouard Philippe et ses amis, plutôt que de trahir sans vergogne leur famille politique et leurs électeurs, avaient clairement posé les termes d'un accord de gouvernement, j'aurais sans doute fait partie de ceux qui s'y seraient opposés, mais au moins, la demande aurait été honnête et transparente, et la réponse des parlementaires aurait pu s'effectuer en toute clarté. Les électeurs auraient su à quoi s'en tenir. Notre système démocratique n'aurait pas été mis en danger. Cela aurait été en tout cas plus digne que la médiocrité des petites manœuvres politiciennes auxquelles nous les avons vus céder.

Pour ma part, quel que soit notre candidat dans l'avenir, je défendrai l'idée que l'exécutif et le législatif doivent chacun retrouver leur mission première, dans le respect de la Constitution.

14

En finir avec les petites manœuvres de 2017

Depuis 2017, la révolution politique promise par la nouvelle majorité présidentielle se résume à une vaste tentative de destruction des oppositions par l'émiettement des forces en présence. Première à céder à l'éparpillement général, la gauche n'est pas loin d'en revenir aux belles années de la SFIO. Si je prends la peine de le souligner, c'est que sa descente aux enfers nous avertit de ce qui pourrait nous arriver, à droite, si nous reproduisions les mêmes erreurs.

*

L'affaiblissement de la gauche a commencé en 2002 par la multiplication des candidatures à la présidentielle. Le système des primaires lui a donné le coup de grâce en faisant émerger des candidatures de faible envergure au regard de l'exigence de cette élection majeure. La notoriété créée par les débats télévisés a nourri des ambitions restreintes sur le plan électoral, mais nombreuses en termes de formations politiques.

Malgré son faible score à la présidentielle, Benoît Hamon a créé la sienne. François de Rugy, ancien Vert en rupture de ban, a pu monnayer sa supposée influence auprès d'Emmanuel Macron, grâce à la petite renommée que lui a donnée la participation à cette compétition socialiste. Arnaud Montebourg a essayé lui aussi de faire fructifier un score qui ne lui a pas permis de briller par son action au sein d'un gouvernement qu'il a préféré abandonner au milieu du gué.

*

Entre deux présidentielles, tout en rêvant de participer à une primaire, les leaders politiques, qui jaugent leur efficacité au nombre d'articles de presse qui leur sont consacrés, espèrent bénéficier d'une tribune médiatique supplémentaire en créant leur propre groupe à l'Assemblée nationale. En abaissant à quinze députés le seuil nécessaire pour constituer un groupe, Richard Ferrand voulait favoriser l'émiettement de la droite. Comment résister à cette opportunité quand, en réunissant un petit groupe de copains, on peut obtenir davantage de collaborateurs, un secrétariat, et du temps de parole lors des grands débats ?

Les groupes se sont multipliés comme des petits pains à l'Assemblée sans que personne soit capable de distinguer la vocation des uns par rapport aux autres. On a même du mal à savoir si ces groupes issus de la majorité En Marche se situent dans l'opposition ou dans la majorité. Pour éclairer le débat parlementaire, on repassera ! Mais pour créer la confusion et dévaloriser le travail des députés, c'est réussi.

Finalement, la manœuvre s'est retournée contre ses auteurs puisque la majorité macroniste a perdu la majorité absolue au gré de cet émiettement. De son côté, la gauche se divise en trois groupes qui se rabibochent en fonction de leur intérêt électoral et passent le reste du temps à dire du mal les uns des autres.

*

Si Les Républicains ont résisté au travail de sape entrepris par Emmanuel Macron, c'est parce que nous avons su préserver notre cohésion. Édouard Philippe affirmait vouloir « faire travailler la poutre », mais j'avais une certaine expérience en la matière.

J'avais déjà résisté à la tentative de scission menée par François Fillon en 2012 avec le groupe RUMP. 2017 fut encore plus difficile à gérer. On aurait pu penser que ceux qui avaient résisté au raz-de-marée macroniste seraient vaccinés, mais ceux qui étaient déjà partis chez Macron n'en restaient pas là. Ils voulaient faire éclater la droite en constituant un groupe parlementaire intermédiaire entre LR et La REM. Ils promettaient le débauchage d'une cinquantaine de députés vers le groupe Agir. Ils ne seront finalement que six ou sept, aussi ridicules qu'inutiles.

Pour éviter cette fracture, j'ai reçu un par un les députés hésitants afin de les convaincre de rester dans un groupe unique. Je suis persuadé qu'aucun ne le regrette aujourd'hui. À l'inverse de la gauche qui se dispute sans cesse le leadership d'un mouvement éparpillé, nous n'avons pas perdu de vue ce qui fait l'essentiel de nos valeurs et de notre famille politique.

*

Prenons garde cependant, il est facile de dévaler la pente, surtout quand le parti au pouvoir valorise le Rassemblement national ou La France insoumise afin de déconsidérer les oppositions. Le parti de Jean-Luc Mélenchon et les Verts extrémistes sont à la gauche ce que le RN est à la droite : une bombe à fragmentation.

Car le « en même temps », version *light* du « ni droite ni gauche » de la famille Le Pen, n'a pas d'autre but que de détruire la droite et la gauche. Un clivage qui pourtant demeure pour la simple et bonne raison qu'il est aussi vieux que notre République. Il est si puissant qu'il traverse la majorité dont l'acte fondateur était pourtant de le dépasser.

Jusqu'à présent, le seul bénéficiaire de cet émiettement a été le parti au pouvoir. Le gouvernement joue du fractionnement des oppositions pour alléguer occuper une place équilibrée. Quand il prétend faire une politique de droite, il met en avant les indignations surjouées de La France insoumise. Quand il déclare mener une politique de gauche, il caricature l'opposition des Républicains et favorise les postures éculées de Marine Le Pen.

C'est ce qui s'est passé lors des débats sur la loi dite contre le séparatisme, qui finalement s'intitule de manière beaucoup moins explicite « loi confortant le respect des principes républicains ». Le gouvernement, Gérald Darmanin en tête, a d'abord refusé le débat avec la droite en rejetant les amendements qu'elle proposait. Que ce soit le port du voile imposé à des fillettes ou celui des accompagnatrices scolaires, le ministre a considéré que ces questions ne devaient pas figurer dans le texte. Le gouvernement s'est ensuite appuyé sur les outrances des extrêmes pour assurer qu'entre les vitupérations de LFI et celles du RN, sa position était équilibrée. La réalité est tout autre. Le RN était absent de ce débat, il n'a proposé aucun argument de fond, aucune prise de position étayée. Peu importe : en se retrouvant en duel face à Marine Le Pen, grâce à la belle mise en scène de France Télévisions, Gérald Darmanin a pu développer cette posture.

L'émiettement de la gauche, auquel Emmanuel Macron a œuvré avec application, sert une stratégie vieille comme le monde : diviser pour mieux régner. Il rêve de le faire avec la droite.

Faute d'être parvenu à ses fins, il utilise une autre tactique, tout aussi peu respectueuse des règles de notre démocratie, qui est le contournement des représentants institutionnels du peuple. L'évitement est sa seconde nature.

*

Quand il n'est pas parvenu à juguler la crise des Gilets jaunes en janvier 2018, au lieu de réunir les partenaires sociaux, d'entendre les associations d'élus, et pourquoi pas les formations politiques de l'opposition sur ce mouvement social inédit,

Emmanuel Macron a préféré créer un grand débat le mettant seul en scène dans son exercice favori : une opération de séduction. Même le Premier ministre a été mis sur la touche. Le gouvernement ? N'en parlons pas. Les seuls ministres qui ont tiré leur épingle du jeu sont ceux qui ont joué les faire-valoir présidentiels.

Qu'est-il ressorti de ces grands débats ? Rien. Des cahiers de doléances vite enterrés. Des élus locaux mis à contribution puis renvoyés à leur terrain sans plus de considération. Des réformes toujours aussi incompréhensibles, comme celle des retraites.

La seule chose retenue par Emmanuel Macron du grand débat, c'est un nouvel outil pour déborder ceux qui ne pensent pas automatiquement comme lui : les conventions citoyennes. Par exemple, quand il est question d'écologie, les ministres, les élus, les associations ne servent plus à rien, vivent les citoyens ! Leurs idées seront forcément les meilleures. Avec une démagogie certaine, le président s'engage à les reprendre sans filtre. Et puis au final, il sort ses jokers les uns après les autres pour renvoyer le collectif à ses études.

Je ne partageais pas les conclusions du collectif citoyen sur le climat. Non par dogmatisme, mais parce que chacun doit être dans son rôle. Les citoyens exposent leurs attentes et leurs priorités. Les experts du Giec produisent des faits et des analyses scientifiques. Le politique doit concilier ces points de vue. Ce n'est pas au citoyen d'affirmer l'expertise, ni à l'expert de définir les besoins du citoyen. Je ne suis donc pas favorable à la multiplication de ces collectifs qui se substituent aux corps intermédiaires. Sans parler de la dévalorisation de l'action publique engendrée par la légèreté des promesses du président de la République, ce mélange des responsabilités et des légitimités de compétence conduit à une confusion générale synonyme d'écœurement vis-à-vis de la politique. « À quoi bon aller voter ? » se demandent de plus en plus de citoyens.

*

Confronté à ce désintérêt, au lieu d'expliquer concrètement l'enjeu des élections, Emmanuel Macron s'efforce systématiquement de les repousser. Dans le jargon macroniste, cela s'appelle « enjamber » une élection. C'est ainsi que le patron de la majorité présidentielle enjambe l'échec des municipales. Il fait comme s'il ne s'était rien passé.

Mais il en tire quand même un enseignement, c'est que les siens ne connaissant rien à l'action de terrain, ils risquent de subir un nouvel échec aux régionales. Emmanuel Macron tente donc d'enjamber ce scrutin en le repoussant à la Saint-Glinglin. Les associations d'élus donnent de la voix. Il serait paradoxal, quand les gens retrouvent la liberté de fréquenter les terrasses des cafés ou de retourner travailler, de ne pas permettre aux Français d'accomplir cet acte démocratique de base qu'est le fait de voter. L'affaire semble entendue mais, au dernier moment, Emmanuel Macron dégaine une ultime parade. Il demande aux préfets de monter une consultation express des maires. Le but est clairement de court-circuiter l'Association des maires de France qui, avec l'Association des départements de France et celle des régions de France, s'est clairement prononcée pour la tenue des élections à la date prévue. Comme si, en cette période de sortie de confinement, quand il s'agit d'organiser la reprise économique et la vaccination générale, les préfets avaient du temps à perdre dans une écoute des maires pour confirmer une position déjà exprimée par les associations d'élus dont c'est la fonction. En revanche, organiser la pédagogie sur le rôle des régions aussi bien pour la formation et l'orientation des jeunes, pour la production alimentaire, le tourisme, le plan de relance post-Covid, ou contrôler la bonne distribution du matériel de vote dans les foyers, cela aussi le président l'a enjambé, avec son Premier ministre.

*

Ces petites manœuvres ont de graves conséquences dans notre vie démocratique. Elles affaiblissent le débat républicain et par là même l'information des électeurs. À force de tout confondre et de tout mettre au même niveau, elles découragent l'engagement citoyen.

Ce grand bazar n'a que trop duré. Il ne profite qu'à Emmanuel Macron et aux extrêmes de droite comme de gauche. C'est indigne de la grande démocratie qu'est la France.

15

Il ne suffit pas d'être persuadé d'avoir raison pour imposer une décision

Le compromis a mauvaise réputation. Beaucoup de responsables politiques croient que c'est une solution molle. Elle révélerait leur faiblesse sous prétexte que, faute d'avoir pu imposer leurs vues, ils ne pourraient crier victoire.

Je crois, bien au contraire, que le compromis est l'aboutissement d'une démarche politique réussie, car chacun peut se retrouver dans la solution adoptée. C'est l'inverse d'une solution bancale, obtenue par un coup de poker ou un va-tout jeté dans le jeu médiatique. Un compromis ne se décrète pas, il se construit. Par l'écoute et par le respect. Et surtout, il demande du temps. On ne peut pas faire semblant, ou sauter des étapes sous prétexte que l'on a raison. Il n'est pas question de convoquer les différentes parties concernées pour se contenter de leur exposer des conclusions d'experts et de trancher parce que les chiffres ont raison. Construire un compromis, c'est écouter longuement chacune des personnes concernées en exposant l'objectif à atteindre et pour quels motifs. C'est discuter avec elles afin de comprendre leurs priorités face à cet impératif, les points négociables et ceux qui ne le sont pas. C'est confronter les arguments pour déterminer ceux qui sont conciliables. C'est parvenir à une décision que chacun comprend, à défaut de l'approuver, afin d'avancer vers l'objectif avec ceux qui le décident, sans humilier personne.

Les contestations et les oppositions existent, mais en toute connaissance de cause. Dans le respect mutuel, toujours. Cela suppose d'avoir du bon sens, et de l'humilité.

*

En un mot, c'est l'anti-80 km/heure. Une décision prise les yeux et les oreilles fermés, sans écouter le pays, sans regarder la situation des Français vivant hors des grandes villes.

Sous prétexte que les chiffres de la mortalité lui donnaient raison, le Premier ministre s'est affranchi du minimum obligatoire à toute décision politique. Non seulement le chef du gouvernement a décidé seul, mais en plus il a imposé cette décision de façon autoritaire et obstinée. Il s'est accroché aux 80 km/heure comme si son identité politique en dépendait. Ce qui finalement est bien le cas. Cette mesure résume bien sa gouvernance.

Si, au lieu de poser un dogme réputé indiscutable, le Premier ministre avait pris le temps d'écouter les élus locaux en essayant de comprendre le pays à travers eux, cette aberration n'aurait pas eu lieu.

Pour ce qui est des accidents de la route, aucun maire n'a envie de multiplier les enterrements dans sa commune. Aucun président de département ne souhaite mobiliser ses services de secours sur la même portion de route d'année en année. Mais la décision unilatérale venue de Paris, sans avoir entendu ni même prévenu les élus locaux, n'est pas acceptable. Elle repose sur l'arrogance de ceux qui réfléchissent uniquement avec des experts et leurs chiffres, et qui se laissent gagner par l'euphorie de la victoire.

Ce sentiment de mieux savoir que les autres peut gagner les entourages composés de novices. Quand on n'a pas connu l'échec, on devient très vite trop confiant et très arrogant. C'est ainsi que, croyant humilier un adversaire en le décrivant comme le « candidat des gars qui fument des clopes et qui roulent au diesel », un jeune député parisien a fini par insulter ses propres électeurs. Il a depuis, avec raison, quitté la vie politique.

Ce mépris inqualifiable date du 28 octobre 2018 – c'est dire si la victoire rend aveugle. Trois semaines plus tard, les ronds-points étaient envahis de Gilets jaunes !

*

« Ces gars qui fument des clopes et roulent au diesel, ce n'est pas la France que nous voulons », avait jugé bon de préciser ce jeune député. Il croyait que le fait d'avoir été élu lui donnait le droit de modeler le pays selon sa volonté personnelle. Or, c'est tout l'inverse, l'élection engendre davantage de devoirs que de droits. Le mandat électif impose de respecter les valeurs communes et d'agir en fonction de l'intérêt général et non en se fondant sur son intérêt propre. Il suppose aussi d'avoir le courage de dire qu'une idée populaire à première vue peut se révéler dangereuse. C'est le cas du non-cumul des mandats.

Les socialistes avaient cédé à l'air du temps en proposant une loi interdisant le cumul. Le texte n'était pas encore arrivé au terme du processus parlementaire et, en 2017, il était encore temps d'y renoncer. J'étais favorable à cet abandon.

Je pressentais très bien ce à quoi nous assistons aujourd'hui. Faute d'expérience locale, les députés élus pour la première fois dans la foulée de la victoire du président de la République sont hors-sol. Même avec la meilleure volonté, ils ne savent pas de quoi ils parlent. Ils raisonnent en fonction de leur ressenti à titre privé ou de l'avis de la dernière personne croisée. Jamais en fonction de leur expérience de la vie publique. Ils ne savent pas quels enjeux se cachent derrière le banal déplacement d'un arrêt de bus ou le changement de l'organisation du ramassage des ordures. Ils ignorent tout du quartier qui s'enflamme brusquement autour d'un incident mineur. Ils ne s'y sont jamais rendus à chaud, quand il est encore possible de faire baisser la pression auprès des habitants que l'on a appris à connaître. Ils ignorent également tout de l'action des policiers, faute d'avoir eu à se pencher sur l'organisation de leur police municipale ou d'avoir eu l'occasion de passer une nuit avec une BAC (brigade anti-criminalité) ou un PSIG (peloton de surveillance et d'intervention de la gendarmerie).

Connaître le terrain est essentiel à l'action du politique. C'est ce qui m'a engagé à proposer la loi contre l'extraction du gaz de schiste en tant que député.

Dans un premier temps, beaucoup des collègues de mon groupe parlementaire étaient favorables au gaz de schiste. Tout simplement parce qu'il promettait une énergie dont nous disposions, à moindre coût. Ce sont les habitants de Seine-et-Marne qui m'ont alerté. J'ai travaillé le sujet et j'en ai conclu que les dégâts sur le paysage ainsi que les risques – sismiques notamment – ne nous permettaient pas d'autoriser de telles expériences dans des zones habitées.

J'ai conduit le dossier en sortant du cadre de ma famille politique et en rencontrant des parlementaires qui étaient dans l'opposition d'alors, mais que je savais sensibles au sujet. J'ai construit un consensus. Je ne l'ai pas imposé. Et je n'ai pas crié victoire sous prétexte que certains députés de gauche m'avaient donné raison. Nous partagions, sur ce point, le même bon sens. Parce que nous étions députés et acteurs politiques locaux.

*

Sur le cumul des mandats, connaissant l'expérience du Premier ministre en tant que député-maire du Havre, je m'ouvre à lui de mes interrogations un jour que je le croise dans les couloirs de l'Assemblée. Il ne me contredit pas. Je suis convaincu qu'à terme, le non-cumul est un véritable danger pour la démocratie. Ce sera catastrophique pour nos assemblées. Les nouveaux parlementaires sans expérience locale vont accentuer le sentiment de déconnexion des élus. L'Assemblée sera de plus en plus déconsidérée. J'insiste, c'est très dangereux pour la démocratie.

Édouard Philippe acquiesce. « Tu as raison, me dit-il, mais c'est le programme du président. Je l'appliquerai », ajoute-t-il sans états d'âme, avec un flegme qui confine au cynisme. Il est clair qu'il ne peut pas ou qu'il ne cherche même pas à peser auprès du chef de l'État contre une décision dont il reconnaît pourtant qu'elle aura de graves conséquences.

Cette dévalorisation du rôle du Premier ministre me choque. Édouard Philippe est conscient que cette loi ne vise qu'à flatter l'opinion, mais il ne voit que son obligation de s'incliner face au président qui l'a fait roi. Il serait trop simple pour moi de dire que cette impuissance est due à la pratique du pouvoir telle que la conçoit le chef de l'État actuel. Je ne céderai pas à cette facilité. Le problème est plus profond. Nous sommes manifestement face à un système démocratique qui dysfonctionne.

Même si le sujet est aride et ne passionne pas les foules, nous devons nous en saisir. Bien sûr, cela ne nous rendra pas populaires, au contraire. Nous serons accusés de nous occuper de sujets politiciens, loin des préoccupations quotidiennes des citoyens. À nous de savoir leur expliquer que la fragilisation de notre système démocratique conduit à la mise en danger de leur style de vie. Que d'une crise démocratique peut naître bien pire. Le rôle du politique est aussi d'ouvrir les yeux de ses concitoyens sur des réalités redoutées. Il ne suffit pas d'avoir raison, il faut aussi prendre le temps de le démontrer.

L'expérience d'élu local vous apprend à écouter et à ne pas rester figé sur vos *a priori*. C'est ainsi que je suis devenu le défenseur du commerce équitable et que j'ai fait adopter, dès 2005, la loi qui introduit et réglemente cette norme en France. Pourtant, à première vue, je n'ai pas le profil d'un défenseur du collectivisme qu'on croit être le modèle de ce système. Ce qui n'est pas le cas. En revanche, le commerce équitable établit une relation de solidarité entre les pays du Nord et du Sud, il repose sur une production durable qui préserve la biodiversité et il est porteur de progrès social.

J'étais ministre des PME lors d'un déplacement officiel du Premier ministre au Mexique. Ma conseillère Cristina Storoni avait insisté pour que je rencontre le père Francisco Van der Hoff, créateur d'une coopérative de producteurs de café. Le prêtre dégage une humanité et une intelligence remarquables. On s'entend tout de suite, et on se parle franchement. « C'est bien, ta coopérative.

Mais tes producteurs, si les terres sont rachetées par une grande multinationale, ils n'auront pas le choix. Ils deviendront des salariés. Ils n'auront aucune indépendance.

— Viens donc voir sur place. Mais pas une demi-journée, pas juste pour prendre la photo. Je n'aurai pas de temps pour toi. Viens une semaine, et tu comprendras. »

C'est ce que j'ai fait. J'ai passé une semaine à Iztepec. J'ai vu comment les producteurs sont responsabilisés, notamment sur l'importance de la qualité de leur produit. Ils sont formés à la négociation des prix. Même si l'acheteur s'engage sur un prix garanti supérieur à celui du marché, la qualité est prise en compte. Le père Van der Hoff a un principe : « *Trade not Aid* », « Fais du commerce, pas de la charité ». Les producteurs gagnent leur vie et travaillent pour le collectif. Car une partie du surplus des ventes est obligatoirement réinvestie dans les structures collectives : éducation, santé, formation, transports. Les organismes de commerce équitable contrôlent le respect de ces engagements, car le consommateur doit être certain de la fiabilité de toute la filière. J'ai visité d'autres coopératives dans le monde, grâce à Jean-Pierre Blanc, le directeur général des cafés Malongo, qui connaît parfaitement le sujet. J'ai été convaincu par ce système de libéralisme solidaire. Que ce soit en matière de coopération au développement des pays du Sud, de développement durable ou de préservation de la biodiversité, de qualité de l'alimentation, le commerce équitable est beaucoup plus efficace que n'importe quelle déclaration d'intention sans lendemain. La curiosité, l'écoute et mon expérience du terrain m'ont permis d'en mesurer toute la portée et de traduire cette conviction en actes.

16

L'administration a bon dos

Il faut reconnaître ce talent à Emmanuel Macron, il est très doué pour s'exonérer de ses erreurs. Secrétaire général adjoint de l'Élysée de François Hollande dont il devient le ministre de l'Économie, de l'Industrie et du Numérique jusqu'à sa candidature à la présidentielle, il parvient à faire croire qu'il n'a aucune responsabilité dans l'échec du quinquennat socialiste. Si, sous son mandat très vertical, la gestion du Covid a été erratique, ce n'est pas de son fait, c'est la faute des autorités sanitaires qui l'ont mal conseillé et des administrations qui n'ont pas été assez réactives. C'est ce que ses porte-parole chuchotent anonymement à l'oreille des journalistes. Mais quand il s'agit de s'approprier le déconfinement, alors là, Emmanuel Macron tout seul a « réussi son pari ». Je n'insiste pas sur l'indécence du terme et de la méthode qui jouent la santé des Français sur un coup de dés. Car au printemps 2020, quand la France se réjouit de voir le confinement s'alléger, le seul maître à bord doit être Macron.

En politique, l'adage avertit que la victoire est collective et la défaite solitaire. Avec Macron, c'est l'inverse : la défaite est celle des autres, la victoire est pour lui tout seul. À tel point que les scientifiques sont devenus non seulement négligeables, mais aussi méprisables. De toute façon, il est bien plus intelligent qu'eux.

En février 2021, *Le Parisien* rapporte les louanges tressées par les adorateurs du chef de l'État sur la supériorité de sa maîtrise de la science épidémiologiste. Un fan anonyme, mais ébloui, assure qu'Emmanuel Macron consulte dès leur parution toutes les études publiées par les spécialistes britanniques, américains, asiatiques ou israéliens. Les courtisans se rengorgent en racontant comment, lors d'une réunion consacrée à la vaccination, le président surprend tout le monde en citant dans le détail une étude anglaise qui vient tout juste de sortir. Pris de court, l'un des éminents scientifiques présents se justifie : « Oui, on a vu que l'étude était sortie, mais on ne l'a pas encore traduite », alors que Super Prof Macron a déjà épluché tout l'article. « Un jour, il pourra briguer l'agrégation d'immunologie », assure, sans rire, le président de l'Assemblée nationale, Richard Ferrand. Quelques jours plus tard, *Le Monde* confirme ce récit, qui n'a visiblement pas fait sourciller l'orgueil élyséen.

La modestie n'a jamais été l'apanage d'un président de la République. Il faut une certaine confiance en soi pour se revendiquer le meilleur pour diriger la France. Mais entre le fait de se penser le meilleur et celui de décider tout seul car on est persuadé de l'incompétence de tous les autres, il y a un pas que seul franchit un fanfaron comme Emmanuel Macron.

*

Avec Macron, les autres ont toujours tort. Y compris les Français !

Il a traité nos concitoyens de tous les noms : fainéants, Gaulois réfractaires aux réformes, illettrés difficiles à reclasser, chômeurs qui n'ont qu'à traverser la rue pour trouver du travail. C'est toujours un peu leur faute, à eux qui, selon lui, détestent les réformes et l'empêchent de transformer le pays profondément et bien mieux que tous ceux avant lui. Et puis voilà que la fin de son mandat approche, et le président prétendument hyper-réformateur se rend compte qu'il n'a rien réformé du tout. Contrairement à ses prédécesseurs.

Prenons l'exemple de la réforme des retraites. En 2017, on allait voir ce que l'on allait voir. Non seulement il modifierait les paramètres, mais il modifierait aussi le système lui-même. Emmanuel Macron nous annonçait une réforme comme on n'en avait jamais vu depuis le général de Gaulle. Et pourtant, d'Édouard Balladur en 1993 durant la cohabitation avec François Mitterrand, à François Fillon sous la présidence de Jacques Chirac en 2003, Éric Woerth en 2010 sous celle de Nicolas Sarkozy, jusqu'à la socialiste Marisol Touraine sous la présidence de François Hollande, chaque gouvernement a pris sa part de responsabilité et d'impopularité en s'efforçant d'adapter le système à l'évolution de la société.

Tous sauf un : Emmanuel Macron. Sa réforme était tellement révolutionnaire qu'au bout de deux ans et demi de prétendue concertation nul n'y comprenait plus rien et tout le monde jugeait cette usine à gaz ni faite ni à faire. Pour lui, c'était bien sûr la faute de son gouvernement, ou des syndicats, ou de son Premier ministre, ou du haut-commissaire, ou sans doute encore des Gaulois réfractaires.

À l'été 2021, quand il est désormais trop tard, Emmanuel Macron prétend la remettre sur les rails. Sachant qu'au mieux il lancera un processus dont la portée ne sera sensible que bien plus de dix ans après, quand lui-même aura quitté l'Élysée. N'est-ce pas la façon la plus cynique de réformer, en s'attribuant immédiatement les lauriers d'une réforme qui reste à faire ? N'est-ce pas confondre l'annonce et l'exécution ? N'est-ce pas ressembler à un cuisinier qui fait noter sa recette en donnant la liste des ingrédients alors que la casserole brûle sur le feu ? Et si quelqu'un perçoit l'odeur du désastre, on grondera juste le marmiton.

*

Car la spécialité du pouvoir macroniste, incapable de mener une réforme, c'est d'exonérer le chef de l'État pour accuser les rouages de l'État. Autrement dit, l'administration et les corps intermédiaires. Tous les piliers de nos institutions sont critiqués et fragilisés par celui qui devrait les conforter dans leur mission.

Emmanuel Macron, comme Marine Le Pen, ne cesse de les mettre en accusation. La présidente du RN essaie désormais d'user d'un ton très républicain pour faire oublier ses postures passées. Il y a pourtant tout à craindre d'elle et de ses fidèles en termes de dérèglement de l'État si par malheur elle accédait au pouvoir. Emmanuel Macron, lui, est déjà au pouvoir et il a décidé que l'organisation de la fonction publique devait elle aussi être revue de fond en comble.

Comme à son habitude – c'est un autre point commun avec Marine Le Pen –, il a commencé par dénoncer et désigner à la vindicte ceux dont il veut se défaire. L'énarque, qui jusque-là n'avait rien trouvé à redire à sa formation, s'est mis en tête de supprimer l'École nationale d'administration. Il a demandé un rapport, puis, dans un premier temps, une fois le rapport remis, il n'a rien fait. Mais en fin de mandat, voilà que sa marotte destructrice le reprend. Il va tout changer, dans l'urgence, en prenant chacun de court. D'un coup de plume, il déstructure notre fonction publique et prétend la diriger comme une mauvaise entreprise privée avec entretiens annuels, notations, *reporting* et nominations à géométrie variable selon le bon vouloir du patron. Face à cette opération déstabilisante, l'inquiétude gagne tous les secteurs, la préfectorale, la diplomatie, les hôpitaux, les militaires, les policiers, la justice. Tous les serviteurs de l'État se sentent menacés dans leur mission, et alertent publiquement. Au moment où l'on a le plus besoin d'un appareil d'État solide, Emmanuel Macron l'affaiblit. Quelle erreur !

J'ai toujours défendu l'ENA. Et l'on ne peut pas dire que ce soit par corporatisme. Mais en tant que ministre, j'ai pu constater la compétence, le dévouement et le sens de l'État de ses anciens élèves qui, contrairement à l'image véhiculée un peu vite, effectuent différents stages sur le terrain de plusieurs mois pendant leur scolarité. La moitié des élèves d'une promotion a déjà eu une expérience professionnelle de cinq à huit ans dans la fonction publique, ou au sein du milieu associatif. L'énarque type n'est pas le jeune élève parisien issu de Sciences Po selon la caricature à laquelle semble adhérer le président actuel. Bien sûr, des évolutions sont possibles et même souhaitables, mais en préservant ce qui fait la force de cette grande école. Et la cohérence des carrières en est une. On ne passe pas des Finances aux Affaires sociales ou au Quai d'Orsay d'un claquement de doigts.

Jeter à la vindicte cette belle institution et ses acteurs est dangereux. Quand les serviteurs de l'État sont fragilisés, c'est la continuité de l'État qui vacille sur son socle. L'accusation est facile et cache surtout l'incompétence des acteurs politiques actuels. Une administration est faite pour répondre à la demande du politique. L'administration obéit au pouvoir démocratique. Elle ne peut être efficace que si des directives claires et cohérentes lui sont données. Or, depuis plusieurs années, et en particulier durant ce dernier quinquennat, le pouvoir exécutif hésite sur ce qu'il doit faire. Il n'ose pas assumer une décision claire. Il fait du « en même temps ». Face à des directives fluctuantes, les administrations ne peuvent donner le meilleur. Mais elles ne sont pas à l'origine du malaise. C'est la faiblesse du politique qui crée cette inefficacité. Quand il n'assume pas ses choix, le pouvoir politique croit gagner des points en séduisant le plus grand nombre. En réalité, il se dessert, car il fait tout à moitié, et il déçoit tout le monde.

*

Une autre façon de ne pas assumer pleinement ses responsabilités gouvernementales est de créer des agences, des comités, des conseils, des collectifs, des assemblées. La France tient le record en la matière. Toutes ces instances étant constituées de personnalités dites indépendantes – mais par nature attentives à ménager la bienveillance de celui qui les a nommées et peut encore les reconduire par la suite. La seule fonction de ces paravents est de protéger un pouvoir politique incertain sur ses convictions, mais aussi méfiant vis-à-vis des poursuites judiciaires. On tombe du côté où l'on a penché. La judiciarisation de la vie politique pousse les ministres à éviter la prise de responsabilité. Que la justice fasse son travail, certes, mais qu'elle perquisitionne chez un ministre en pleine crise revient à encourager l'inaction. Or, la première responsabilité d'un ministre, c'est d'agir.

Je plaide au contraire pour un pouvoir politique fort, déterminé et qui assume ses choix. Si le ministre sait où il va, son administration n'aura aucun mal à suivre ses directives. Sauf si, à force de côtoyer un pouvoir politique faible, celle-ci a pris ses aises et attend patiemment que ledit ministre finisse par s'épuiser et renonce à diriger son ministère.

Avant même de sentir poindre cette force d'inertie, le ministre devrait être en capacité de choisir celui ou celle qui dirige son administration. Il ne s'agit pas de chasse aux sorcières, mais de cohérence et de fluidité dans le travail. Il n'est pas question de sanctionner un haut fonctionnaire – qui déploiera son talent dans un poste de même niveau moins opérationnel –, mais de choisir une personnalité réceptive à l'action du ministre. La couleur politique n'entre pas forcément en ligne de compte. Quant aux fuites destinées à fragiliser un ministre, elles ne reposent pas toujours sur de grandes divergences partisanes, mais sont bien souvent le résultat de querelles en interne. Quand un ministre est nommé, son temps est compté. Chaque jour perdu parce qu'il ne dirige pas efficacement son administration est incompréhensible pour les Français.

*

Cela arrive bien plus souvent que l'on ne croit. Surtout quand les ministres ne sont pas nommés en fonction de leur expérience, mais selon l'image qu'ils entretiennent auprès de l'opinion. Ce sont, comme je l'ai déjà dit, les « ministres casting ».

Soyons honnête, tous les gouvernements ont eu des ministres de ce genre dans leurs rangs. Nous avons promu Luc Ferry, la gauche a eu Christiane Taubira et Emmanuel Macron a trouvé Éric Dupond-Moretti, pour ne citer que ceux-là. Mais quand une exception devient la règle, c'est toute l'action politique qui est discréditée.

Le ministre casting sait ce qu'on attend de lui : qu'il occupe l'espace et que ses inlassables effets de manches tiennent la contestation à distance. C'est pourquoi, à peine nommé, il s'agite. Au lieu de prendre la mesure de sa mission et de la planifier, ce qui demande du travail, il cède à la facilité des coups médiatiques. Il multiplie les effets d'annonce, assure que jamais avant lui aucun autre n'a fait autant dans ce secteur. Il gagne en notoriété médiatique et croit conforter sa position au sein du gouvernement. Il poussera peut-être l'audace jusqu'à se présenter à des élections. Les urnes suivant une autre logique que celle des médias, il sera battu. Et finira viré, son activisme verbal ne produisant aucun résultat concret. À moins qu'ils soient trop nombreux dans ce cas, comme après les régionales de juin 2021 !

Emmanuel Macron n'avait pas les moyens de renouveler son équipe. Il a donc continué à gouverner la France avec des ministres totalement déconnectés des réalités.

C'est ainsi que l'on a vu un garde des Sceaux assurer que sa loi pour la confiance dans l'institution judiciaire marquait un tournant considérable et se contredire aussitôt après en lançant des états généraux de la justice pour réfléchir sur le sujet. Le même ministre ne trouvant pas non plus contradictoire de se faire éliminer dès le premier tour aux élections et de continuer à prendre de haut les élus de la représentation nationale. Les Français ne sont pas dupes. Ils sont même souvent écœurés.

*

Quand on en arrive à ce stade de déstructuration de la logique et de l'autorité de l'État, ce n'est pas la haute fonction publique qui est responsable, mais celui qui l'a conduite dans cette impasse en l'affaiblissant.

Je tiens à redire toute ma confiance envers la haute fonction publique ainsi qu'à l'égard de tous les agents de l'État qui continuent d'exercer leur mission même si l'État qu'ils servent les protège mal. Comment pourrait-il en être autrement, quand il se respecte si peu lui-même ?

17

L'État doit se respecter lui-même pour être respecté par les Français

Le mercredi 17 janvier 2018, à l'issue du Conseil des ministres à l'Élysée, le Premier ministre Édouard Philippe annonce l'abandon de l'aéroport de Notre-Dame-des-Landes.

Les zadistes exultent, eux qui occupent ces terres illégalement, qui les ont transformées en un territoire soumis à leurs propres règles et dans lequel on ne peut pas circuler librement, sinon en montrant patte blanche à des points de contrôle semblables à de véritables frontières sauvages ! Des casseurs qui ne sont sortis de leur terrain retranché que pour dévaster le centre-ville de Nantes, histoire de montrer de quoi ils sont capables. Malgré la loi, malgré un référendum qui a donné la parole aux premiers concernés, c'est-à-dire les habitants de la région, ceux que l'on peut donc qualifier de sécessionnistes prétendent imposer leur volonté minoritaire par la force. Et Emmanuel Macron et Édouard Philippe ont cédé.

Le président a parjuré le candidat. Car en avril 2017, durant la campagne, voici ce que déclarait Emmanuel Macron : « Je prends l'engagement de faire respecter le vote », assurait-il avec solennité sur France 2, avant de se lancer dans une surenchère de rodomontades qui, avec le recul, dépassent l'entendement. « Moi, je ne suis pas Tartarin de Tarascon. C'est facile, les gens qui arrivent sabre au clair en disant : " Moi, j'ai tué le lion en Afrique. " Ils n'ont jamais rien tué ! J'ai été ministre. J'ai toujours mis mon énergie à faire, plutôt qu'à durer. C'est ce qui me différencie de certains », croyait-il juste de préciser d'un ton qui se voulait martial. Tout cela, c'était du cinéma. Neuf mois plus tard, le président Macron reculait sur toute la ligne.

Courageux, à l'issue du Conseil des ministres, il envoie le chef du gouvernement assumer cette retraite en rase campagne. Édouard Philippe démontre une faiblesse du même acabit en « constatant » un « contexte d'oppositions exacerbées entre deux parties presque égales de la population ». Le référendum organisé dans le département avait donné une majorité de plus de 55 % à la construction du nouvel aéroport. Dans quel système démocratique l'État peut-il ignorer un scrutin à 55 % des voix en évoquant « deux parties presque égales » ?

Comment un responsable politique peut-il nier l'un des plus grands principes républicains ?

Ce jour-là, le ver est entré dans le fruit. En trahissant sa parole de candidat, le nouveau président commence par décevoir ses électeurs. Mais la portée de cette décision dépasse la seule personne d'Emmanuel Macron, elle fragilise la fonction qu'il exerce et l'État qu'il est supposé incarner, respecter et défendre.

Ce jour-là, en s'inclinant devant la violence des casseurs, ce n'est pas seulement Emmanuel Macron qui a été faible, c'est l'État qui ne s'est pas respecté lui-même.

Ce jour-là, l'État a manqué à sa parole. Il n'a pas respecté le résultat d'un référendum auprès de la population. Il n'a pas respecté 179 décisions de justice favorables à cette construction. Il n'a pas respecté la déclaration d'utilité publique validée en 2008 par le Conseil d'État.

Ce jour-là, la raison et le droit se sont inclinés devant la violence. L'État de droit a plié le genou. Un point de non-retour a été franchi par le nouveau président de la République. Cette décision porte en elle toute la déconsidération qui accompagnera ensuite son quinquennat.

*

Elle avait commencé par l'affaire Benalla. L'ascension du garde du corps du président a de quoi surprendre. Sans aucune compétence en la matière, il était en passe de supplanter l'autorité institutionnelle en matière de sécurité. Après ses dérapages place de la Contrescarpe, il a été couvert par de proches conseillers du président qui, lui-même, en a rajouté par sa fameuse phrase « Qu'ils viennent me chercher ! » à l'encontre de ceux que cette désorganisation des services de police au sommet de l'État choquait. Déjà, l'un des piliers de nos institutions était fragilisé par un pouvoir ivre de sa puissance.

Désarçonnées, les forces de l'ordre ont ensuite enduré, samedi après samedi, les provocations des Gilets jaunes. Faut-il rappeler que, de novembre 2017 à mars 2018, tous les samedis, les manifestants ont défilé en agressant la police, voire la presse, sans que le gouvernement réagisse ?

Le ministre de l'Intérieur a laissé faire pendant plusieurs mois avant de faire porter le chapeau de sa passivité au préfet de police. Entre-temps, les forces de l'ordre se sont épuisées à encadrer des manifestants hostiles qui ont généralisé l'expression « violences policières ». Qu'il y ait eu des dérapages de la part de certains policiers, ce n'est pas acceptable. Ils doivent être sanctionnés et ils le sont. Mais de là à donner raison à ceux qui contestent aux représentants de l'État le droit d'user de la force, c'est fragiliser dangereusement un autre des piliers de la République.

Un pas allègrement franchi par Emmanuel Macron qui finit lui-même par parler de violences policières, « si ça vous fait plaisir », concéda-t-il avec légèreté au journaliste qui l'interrogeait à ce sujet sur les réseaux sociaux. Au lieu de protéger les défenseurs de l'État, le président les affaiblit ! Et cela dans le seul but de se rendre sympathique auprès d'une portion de son électorat. Mais être sympathique n'est pas la mission de celui qui doit être le garant de nos institutions.

*

Comme Marine Le Pen, l'actuel président a tendance à confondre le fait d'incarner l'État et celui d'être l'État. L'un et l'autre croient qu'une fois que vous êtes élu, les institutions se mettent à votre service. Mais leur désir de puissance personnelle les égare. Les institutions servent une fonction, non une personne privée.

Le président de la République incarne l'État, mais il n'est pas l'État. Il ne décide pas selon son bon vouloir partisan. La façon dont Emmanuel Macron envisage le rôle des préfets est révélatrice de cette confusion. Au lieu de respecter la neutralité de ces grands serviteurs de l'État, il voudrait en faire ses obligés, en supprimant le corps préfectoral par une simple ordonnance, et donc en dehors de tout débat avec la représentation nationale. À ses yeux, la mission des préfets est de valoriser les choix politiques de la majorité, au lieu d'appliquer la loi le plus équitablement possible en lien avec tous les élus locaux, quel que soit leur bord politique. Les ministres doivent pouvoir travailler en harmonie totale avec leur administration, je défends ce principe, mais il en va différemment avec le préfet qui est, d'abord, un représentant de l'État et surtout pas un agent électoral du président de la République.

*

Cette approche uniquement partisane dévalorise l'État et sape son autorité. Mais, comme si cela ne suffisait pas, Emmanuel Macron y ajoute la touche personnelle du président qui se prend pour une rock star qui, ici, déambule sur les Champs-Élysées telle une vedette américaine et, là, prend la pose pour des selfies tel un acteur de cinéma.

À peine élu, il a voulu prendre le contrepied de son ancien mentor, François Hollande, en s'affichant plus solennel que tous ses prédécesseurs. Il a d'abord marché seul dans la cour du Louvre. Il n'a pas hésité à humilier un gamin qui avait osé l'appeler « Manu » et non « monsieur le président de la République ».

Mais il ne s'est pas tenu longtemps à cette distance respectueuse. Quelque temps plus tard, c'est Manu le président sympa qui recevait les youtubeurs Mcfly et Carlito à l'Élysée pour un concours d'anecdotes et de langage fleuri. Emmanuel Macron a multiplié les images en totale contradiction avec la solennité de sa fonction, croyant ainsi se rapprocher du peuple.

Dieu sait si Jacques Chirac savait se montrer chaleureux, notamment aux Antilles, mais jamais il n'aurait pris la pose devant un photographe en mettant sa tête sur l'épaule d'un jeune torse nu, qui, de surcroît, fait un doigt d'honneur devant l'objectif. Nicolas Sarkozy a une bonne foulée, mais jamais il n'a surgi de sa voiture en bras de chemise pour courir vers la foule. On peut reprocher beaucoup de choses à François Mitterrand, mais jamais, même torturé par la maladie, il n'a présenté une image affaiblie de sa fonction.

La fonction présidentielle exige de l'humilité, mais pas de la familiarité. L'autorité impose une certaine distance, que les Français ne confondent pas avec de l'arrogance. Ils attendent d'être dignement représentés par le premier personnage de l'État. Cela vaut en France comme à l'étranger.

*

La complicité entre les dirigeants de la planète se concrétise parfois à travers une photo. Mais il faut mal connaître les relations internationales pour croire qu'il ne s'est rien construit avant celle-ci. Maire de Paris, Jacques Chirac recevait tous les hôtes prestigieux lors de leur visite officielle en France. Deux fois Premier ministre, il avait construit un carnet d'adresses international facilité par sa curiosité naturelle pour toutes les cultures du monde. Dès le début de sa présidence, il a marqué son autorité sur la scène internationale. C'était en mai 1995.

En ex-Yougoslavie, des miliciens prennent douze Casques bleus français en otage. « Le temps de l'impuissance est fini », déclare publiquement le président. En privé, sa position est très claire : « On tire ou on se tire. » Ce sera la première riposte de la Forpronu face au Serbe Karadzic. Le pont de Verbania est pris d'assaut par le 3e RIMA avec, à sa tête, le capitaine François Lecointre, futur chef d'état-major des armées – qui a récemment quitté ses fonctions, peu de temps après l'annonce de la fin de l'opération Barkhane au Mali. Les Casques bleus français sont échangés contre des prisonniers. Dix jours après son accession à l'Élysée, Jacques Chirac a donc bien démontré sa résolution. Il est respecté par les militaires sans avoir eu besoin de leur asséner : « Je suis votre chef. » Je ne l'imagine pas non plus annoncer brusquement la fin d'une opération extérieure au terme de huit ans d'engagement sans l'avoir préparée avec les forces concernées.

À force de résumer sa politique à des coups de communication éphémères, Emmanuel Macron affaiblit l'influence de la France. Quand il se fait mâle alpha en jouant à qui a la poignée de main la plus virile avec Donald Trump, il s'expose à être ensuite traîné par la main, comme un petit garçon, par le président américain devant un parterre de photographes. Quand Nicolas Sarkozy obtient de Vladimir Poutine un cessez-le-feu en Géorgie, il n'invite pas les photographes. Il commence par faire le tour des capitales européennes pour convaincre ses homologues et trouver une solution à ce conflit. Il n'agit pas en pensant à la gloire qu'il pourrait retirer de cette action, il mène d'abord l'action. Comme Jacques Chirac, Nicolas Sarkozy a su imposer une position équilibrée entre les deux géants que sont la Russie et les États-Unis. Il faut d'ailleurs souligner le fait que si le poids de la France demeure, c'est en grande partie dû à notre dissuasion nucléaire. Nous le devons à Jacques Chirac qui a eu le courage d'assumer une position très impopulaire, mais dont personne ne se plaint aujourd'hui.

Sur la scène internationale, l'autorité ne se mesure donc pas en photos-chocs et coups de gueule sonores. Après avoir échangé des noms d'oiseaux avec Salvini en Italie ou Erdogan en Turquie, Emmanuel Macron a fini par comprendre que les codes du langage diplomatique avaient leur utilité, mais trop tard pour modifier l'image de la France qu'il n'a pas contribué à grandir. En Europe, ses grandes déclarations suivies de peu d'effets ainsi que son incapacité à travailler avec ses homologues ont isolé le pays.

*

Emmanuel Macron confond paraître et être avec un plaisir évident. On dit souvent qu'est élu(e) président(e) de la République celui ou celle qui en a le plus envie. Je me méfie de cette vérité toute faite. Emmanuel Macron avait visiblement très envie de s'installer à l'Élysée. Il n'a pas hésité à trahir son mentor pour y arriver. Et semble prêt à toutes les contorsions pour s'y maintenir.

Mais je suis persuadé que le manque de respect pour sa fonction et pour le mandat que lui ont confié les électeurs se retournera contre lui. Avoir envie d'être président ne garantit en rien que l'on saura se montrer digne de cette mission. Plus que jamais, à l'issue de ce mandat qui s'est amusé à transgresser les règles qui posent l'équilibre des pouvoirs, nous avons besoin de dignité au sommet de l'État. Mieux vaut quelqu'un qui réfléchit à deux fois aux exigences de la fonction avant de la briguer et qui décide en toute connaissance de cause, qu'un ambitieux soumis à sa volonté de gloire personnelle. On n'est pas président pour soi-même. On est président pour les Français.

18

Une bonne campagne sonne juste

Les sondages peuvent dire ce qu'ils veulent, il y a des sensations qui ne trompent pas. Quand on a sillonné la France et multiplié les rencontres, on est sensible à certaines choses que les enquêtes d'opinion ne perçoivent pas encore. Comme ce dimanche de février 1995, au Salon de l'agriculture, quand la campagne de Jacques Chirac a basculé.

Nous avons parcouru les allées dédiées à l'élevage. Chirac s'est extasié sur la beauté des bêtes, il a félicité comme il se doit les éleveurs. Nous empruntons alors le fameux escalator qui permet de rejoindre l'étage où nous attendent les organisations professionnelles. Sur le passage du candidat à la présidentielle, ce ne sont que sourires et amabilités. Chirac aime les agriculteurs, ils le savent depuis longtemps et le lui rendent bien. Il n'y a rien de vraiment surprenant dans cet accueil chaleureux. À vrai dire, c'est le contraire qui aurait été étonnant. Mais pourtant, quelque chose en plus flotte dans l'air. Au fur et à mesure que l'escalier électrique nous fait gagner de la hauteur, nous sentons tous les regards braqués vers le candidat. Un frisson indéfinissable parcourt les allées. Quelques « Chirac ! Chirac ! » fusent, encore perdus dans la foule. Mais nous comprenons que quelque chose survient. Chirac se retourne. Son regard embrasse le hall d'où tous les sourires convergent vers lui. La foule frémit. Chirac aussi. Il sourit à son tour. Il surplombe l'assistance depuis le premier étage. Avec sa fille Claude, nous l'encadrons et voyons les visages qui se tendent comme pour guetter un signe. Alors, Chirac lève les bras au-dessus de ses épaules, et salue d'un grand V de la victoire. Acclamations ! Applaudissements ! « Chirac, Chirac ! Chirac, Chirac ! » scande petit à petit tout le Salon à l'unisson. La ferveur dure un bon moment. À cet instant, nous comprenons que la campagne vient de basculer.

Contre tous les pronostics, toutes les certitudes des relais d'opinion, ce jour-là, au Salon de l'agriculture, Jacques Chirac prend le dessus sur Édouard Balladur. Nous sommes le dimanche 26 février. Jusqu'alors, les sondages étaient systématiquement défavorables à notre champion. Désormais, ils s'inversent. Porte de Versailles, la campagne que nous menons depuis des semaines, par vents contraires, a pris. Elle est en adéquation avec les attentes des électeurs. La division n'aura pas raison de nos convictions. Notre message sur le terrain est plus fort que celui des relais d'opinion. Nous avons réussi à parler aux Français, directement.

Cette campagne, Jacques Chirac l'a gagnée au peuple, parce qu'il était sincère.

Contrairement à la tradition gaulliste qui s'ordonne autour de quelques grands meetings dans d'immenses salles, Jacques Chirac avait commencé sa campagne par des déplacements de très petit format. Et pour cause. Il faut se souvenir qu'en 1994, la popularité d'Édouard Balladur était au plus haut. Certains commentateurs se demandaient même si le Premier ministre n'allait pas être élu dès le premier tour pour succéder à François Mitterrand. Chirac, lui, n'a jamais douté une seule seconde. En tout cas, si cela a été le cas, il n'en a jamais rien montré. Tout au contraire. Il a organisé sa campagne avec méthode et détermination, en choisissant de la mener au plus près du terrain.

Nous sommes une poignée autour de lui : l'équipe des chiraquiens. Seuls, ou deux par deux pour les plus jeunes, nous sillonnons la France sans états d'âme. Nous nous appuyons sur des militants dévoués, chez qui nous passons parfois la nuit, après une rencontre dans une petite salle avec les inévitables verres en plastique qui se fendent tout seuls et les éternels sandwichs au pâté. Nous y croyons autant que lui. Ces militants qui nous accueillent sont tout aussi déterminés. Pour Chirac, ils seraient prêts à se faire découper en rondelles de saucisson aussi fines que celles que nous ingurgitons en quantité industrielle.

Jacques Chirac a déclaré sa candidature à Lille, dans le journal local *La Voix du Nord*, le 4 novembre 1994. À l'époque, certains commentateurs se sont demandé pourquoi il se lançait si tôt. Au printemps 2020, les mêmes nous jugent terriblement en retard pour ne pas l'avoir encore fait. Il y a peu, les plus définitifs d'entre eux s'interrogent même sur la pertinence d'une candidature LR en 2022. La finale Macron/Le Pen leur paraît aussi inéluctable que la défaite de Jacques Chirac en 1995. Les campagnes, et quelques victoires, inattendues, viennent à bout de ces idées fausses.

La campagne de Jacques Chirac se déroule loin des certitudes des éditorialistes, des penseurs et de tous les relais d'opinion acquis à Édouard Balladur. Tous ceux qui sont censés faire l'opinion sont totalement anti-Chirac. L'avenir du maire de Paris leur paraît aussi voué à l'échec en 1995 que celui des Républicains avant les récentes élections régionales. Jacques Chirac se moque de leurs prédictions. Lui, il trace sa route. Le futur président se nourrit de réunions thématiques avec vingt à vingt-cinq acteurs issus du même secteur, l'agriculture, l'artisanat ou encore la santé. Sans journalistes. De toute façon, ils ne se bousculent pas au portillon. Mais ce n'est pas le but recherché. Chirac ne réclame en rien la lumière à ce moment-là, il a besoin de se nourrir du pays.

Peu après Noël, Claude me demande d'organiser une rencontre entre son père et des agriculteurs. Elle sent que celui qu'elle appelle « Chirac » a besoin de ce type d'échanges pour se sentir solide. Il y a un an à peine, je présidais le Centre des Jeunes Agriculteurs. Mon carnet d'adresses est donc plutôt fourni en la matière. Et pourtant, je ne parviens pas à trouver un exploitant qui souhaite nous accueillir. Mes anciens collègues n'ont rien contre Jacques Chirac mais, me disent-ils gentiment, ce n'est pas le bon moment, il y a bientôt des élections aux chambres d'agriculture, ils sont débordés, « un peu plus tard, mais pas maintenant, je te promets »… Finalement, je parviens à organiser un déplacement dans la région d'Alençon.

Le candidat visite trois fermes avant une réunion dans la petite salle des fêtes. Il nous faut pourtant retirer des chaises pour que notre héros ne s'exprime pas devant des rangées vides.

Les échanges sont sympathiques. Chirac en ressort en pleine forme. Bien des années plus tard, je lui avouerai que les trois fermes visitées faisaient partie de la même famille. J'avais réussi à convaincre un bon copain d'accueillir le candidat auquel personne ne croyait. La ferme suivante n'était autre que celle de son beau-frère. Nous avons fini la journée chez le beau-père.

Chirac ne faiblit jamais. Il est convaincu qu'il va gagner. Nous qui l'accompagnons, nous lui faisons confiance. Cette campagne au peuple est la sienne. Il est dans son élément. Le public est clairsemé, mais les échanges sont riches et enthousiastes. En un mot : sincères. La campagne de Chirac sonne juste. Il a choisi de parler directement au peuple, il n'en démord pas. Peu importent les sondages, les éditorialistes, les parlementaires mêmes, dont la quasi-totalité est partie en face. Il sent cette campagne. Il est sûr de lui. Sûr de son cap. Et il finit par y arriver.

Sa posture a pu être estimée dépassée par ses adversaires, personne ne l'a jugée fausse. Même parmi ceux que l'hypothèse de sa victoire faisait sourire, pas un seul ne doutait de son amour de la France et des Français. Si nous lui avons fait confiance, c'est bien sûr parce que c'était lui, avec sa détermination, mais aussi en raison de son immense expérience. Il avait été deux fois Premier ministre, ministre de l'Intérieur, de l'Agriculture, des Relations avec le Parlement, trois fois maire de Paris dont deux fois en faisant le grand chelem. Il connaissait la politique et les élections. Il connaissait la carte politique du monde entier, des États-Unis à la Russie, en passant par l'Asie et l'Amérique du Sud. Familier de nombreux chefs d'État africains, il connaissait également leurs opposants. Son expérience ne se résumait pas en quelques lignes, elle impressionnait les jeunes hussards que nous étions tout autant qu'elle consolidait sa détermination contagieuse.

*

Qu'on me comprenne bien : le secret de la campagne de Chirac reposait bien plus sur sa sincérité que sur sa ténacité. Il ne suffit pas de s'acharner pour l'emporter, il faut s'acharner sur le bon chemin. La campagne de 1995 a réussi parce qu'elle sonnait juste, je le répète. Même s'il a commencé par des petites salles, chacun de ceux qui étaient venus l'écouter repartait avec une détermination décuplée par l'authenticité et la pertinence de son approche. Ses militants portaient facilement sa parole pour convaincre leurs proches.

Sans cette adéquation entre le candidat et les Français, la ténacité du postulant est vaine. Cette justesse est aussi une question de moment. Une bonne campagne est aussi une affaire de timing. Ce qui est vrai aujourd'hui ne le sera plus autant demain, parce que le monde aura évolué entre-temps.

Il faut donc se méfier des règles trop évidentes. Elles ont toutes leur exception. Ce qui a été vrai pour Chirac en 1995 ne le sera pas pour un autre, plus tard. Qui a gagné sur une posture ne sera pas réélu sur la même cinq ans après. Comme le dit Nicolas Sarkozy, il ne faut jamais utiliser deux fois le même chemin. Tout dépend du moment.

Dans un match de foot, celui qui veut tout le temps la balle se démarque sans cesse pour attirer les passes. Mais il arrive qu'à ce petit jeu, il s'essouffle avant d'avoir trouvé la bonne fenêtre de tir. Souvent, celui qui marque est celui qui a su se démarquer au bon moment parce qu'il a une vision juste du jeu.

Jusqu'aux élections régionales de 2021, et malgré notre victoire aux municipales, pas un expert du commentaire politique ne mise sur nous. On nous somme de choisir entre le RN de Marine Le Pen et La REM d'Emmanuel Macron. Nous sommes – nous dit-on – condamnés à faire alliance avec l'un ou avec l'autre. Personne n'imagine poser cette question aux représentants du chef de l'État. Et pourtant, c'est bien son parti qui finit réduit à la portion congrue. Quand j'assure que Les Républicains concourent sous leurs propres couleurs et qu'ils sont la seule force d'alternance face à ce duo mortifère, les éditorialistes ricanent. Jusqu'à 20 heures, le 20 juin 2021. Les Républicains sont dix points devant le RN, vingt points devant le parti du président. La clarté l'a emporté sur la confusion, qui n'est pas sans lien avec l'abstention, du moins en partie. Nos électeurs sont ceux qui se sont le moins démobilisés. Ce constat est largement confirmé une semaine plus tard. Malgré les quolibets des sachants, les électeurs ont compris que la campagne qui sonnait juste, c'était la nôtre.

19

Ceux qui nous trompent

En vingt-cinq ans de vie politique, je pense avoir été de tous les combats fratricides au sein de notre famille politique, et même au cœur de chacun d'entre eux. Chirac/Balladur, Chirac/Sarkozy, Copé/Fillon, Sarkozy/Fillon, je m'y trouvais à chaque fois. Nous savons bien que ces querelles sont mortifères, et pourtant nous y replongeons.

Pour comprendre ce travers incorrigible, il faut garder à l'esprit le principe même de l'action politique qui est de se mettre en avant, de s'exposer à tous les coups, simplement parce que l'on est profondément convaincu que nos idées sont meilleures que celles des autres pour faire avancer harmonieusement la société. C'est la nature même de l'homme politique que de vouloir aller jusqu'au bout de celles-ci. Il prend les coups les plus rudes avec constance précisément pour ça. Et plus il a un fort tempérament, plus il encaisse et plus il pense avoir raison. Il faut donc une sacrée dose de passion pour résister.

Or, la passion conduit parfois à perdre la raison. De simples nuances peuvent se transformer en divergences puis en fossés infranchissables. « Passé les bornes, il n'y a plus de limites », dit-on, et notre famille les a souvent dépassées.

Il est inutile de revenir sur nos affrontements passés, chacun s'en souvient. La presse les a racontés en détail, car nous avons eu l'honnêteté de les mener au grand jour. Au moins ces ambitions avaient-elles le mérite de reposer sur des convictions. Les électeurs ont tranché. Nous avons collectivement payé le prix électoral du spectacle de nos divisions.

Je respecte les hommes et les femmes de conviction. La richesse de notre famille tient autant à ce qui nous unit sur l'essentiel qu'à la force de nos engagements. Les fortes personnalités sont un atout en politique. Je ne suis pas du genre à museler le débat, mais je ferai tout pour que notre famille ne retombe pas dans ce travers des querelles de personnes.

*

Je n'aime pas la course à l'ego, mais il est une attitude que je ne supporte carrément pas, c'est celle des mercenaires. Ceux qui se vendent au plus offrant pour obtenir un mandat, quelle que soit sa couleur. Ceux qui vont à la soupe, comme Thierry Mariani ou Jean-Paul Garraud qui se sont reniés parce que Marine Le Pen leur assurait le gîte et le couvert, seul intérêt de leur mandat à leurs yeux. Agir ainsi, c'est se moquer des attentes de leurs électeurs et passer d'une fonction à l'autre, d'une élection à l'autre, d'un parti à l'autre au gré de son intérêt personnel. Le premier n'en était pas à son premier pas de deux en la matière : Thierry Mariani avait ainsi menacé Laurent Wauquiez de rejoindre la liste RN s'il n'obtenait pas une position éligible sur celle des Républicains aux européennes de 2019 ; le chantage n'ayant pas fonctionné, il s'est rabattu sur la liste de l'extrême droite avec de grandes déclarations de loyauté envers Marine Le Pen. La force des convictions se limite parfois au montant de l'indemnité parlementaire.

C'est vrai que la vie politique est dure. Elle alimente facilement l'amertume qui, elle-même, flatte la faiblesse humaine. L'aigreur est mauvaise conseillère. Certains cèdent à la facilité afin d'assurer leurs finances. Pour dissimuler le rouge du déshonneur sur leur front, ils prétendent être en colère. Pauvres justifications. Je n'ai pas de mots pour qualifier ce type de comportement.

Mais j'en ai encore moins pour ceux qui trahissent et qui en sont fiers. Leur bassesse n'a d'égale que la désinvolture avec laquelle ils se complaisent dans leur abjection.

*

En novembre 2017, six mois après sa nomination à Matignon, sur la scène du Casino de Paris, invité par un magazine récemment créé, le Premier ministre ne trouve rien de plus urgent que de se prendre pour un artiste jouant le sketch de sa trahison. La performance est impayable. Les médias la racontent avec gourmandise, avec des extraits du spectacle à l'appui – retirés d'Internet depuis. Il est vrai que l'auteur a tout lieu de rougir de ce qu'il raconte. Mais sur le moment, sans doute grisé par les projecteurs braqués sur lui depuis quelques mois, il se croit drôle et admirable.

Il relate comment il a rejoint Emmanuel Macron dès le 24 avril 2017, au lendemain du premier tour de la présidentielle. La veille, dans une brasserie parisienne, Emmanuel Macron avait fêté sa qualification au second tour face à Marine Le Pen. Entre parenthèses, je me souviens de l'ambiance qui régnait en 2002, dans le QG de Jacques Chirac, et croyez-moi, personne n'avait envie de se congratuler. Chacun mesurait la portée politique de la qualification de l'extrême droite au second tour de la présidentielle. Mais quinze ans après, les analyses sur la répétition de cette percée de l'extrême droite n'encombrent pas la mémoire d'Édouard Philippe. Il ne veut se souvenir que du bon coup qu'il a joué à ses compagnons de route.

Sur scène, le Premier ministre amuse donc un public acquis à son humour irresponsable. Il omet de préciser qu'avant même ce premier tour, avec deux de ses amis, Thierry Solère et Bruno Le Maire, le député LR qu'il était encore avait dîné avec trois proches d'Emmanuel Macron, Alexis Kohler, son futur secrétaire général, ainsi que deux de ses conseillers, Philippe Granjeon et Stéphane Séjourné. Au lendemain de ce dîner, Thierry Solère avait assuré à Édouard Philippe qu'il serait nommé à Matignon. Le plat de lentilles répandait déjà le fumet de la trahison, mais les conjurés avaient préféré garder le secret. On ne sait jamais : si Emmanuel Macron avait échoué, ils seraient peut-être restés au chaud dans leur famille d'origine.

Au lendemain du premier tour de la présidentielle, le député LR se trouve donc au siège des Républicains quand il est appelé par le secrétariat du candidat Macron. Plus de six mois plus tard, au Casino de Paris, l'artiste Premier ministre savoure ses effets. Il raconte comment le futur président souhaite alors le rencontrer séance tenante. Il faut vous rendre compte du comique de la situation ! Édouard Philippe se trouve au cœur de la maison familiale quand il reçoit un coup de fil l'invitant à rencontrer celui qui prétend dynamiter cette maison. C'est trop drôle ! Mieux, on lui propose de venir le chercher en voiture « là où il se trouve », c'est-à-dire avec ses amis Les Républicains, au siège du mouvement, explique-t-il en s'amusant. Ah, non ! Il va marcher un peu. Il faut qu'il se cache de ceux qui croient toujours être ses amis. Il en rit encore et la salle avec lui. Le comique atteint son paroxysme lorsque le héros de ce lamentable vaudeville se rend compte que l'adresse qu'il a donnée au hasard, à deux ou trois rues du siège de LR, correspond à celle de l'UDI. Des cousins qu'il s'apprête à trahir, eux aussi. Vite, il s'engouffre dans le véhicule, et se cache sous une couverture ! Il ne faut pas qu'il soit reconnu arrivant directement du siège de LR au QG de Macron ! Il ne faut pas que ses amis découvrent ce qu'il manigance contre eux. Il préfère les poignarder dans le dos plutôt que de face. Et ça le fait tellement rire qu'il n'hésite pas à en faire un numéro de cabaret !

S'il perd six kilos au fil des jours qui le mèneront à Matignon, comme il s'en plaint complaisamment, ce n'est pas parce qu'il hésite à commettre un geste aussi indigne. Il n'exprime ni regret ni remords à ce sujet. S'il perd l'appétit, c'est uniquement par crainte de ne pas obtenir le prix de son reniement. Il sent bien que s'il affichait son geste au grand jour, il pourrait perdre le gros lot. Alors il dissimule. Il lui faudra encore se cacher et mentir à la presse juste après l'installation du nouveau président à l'Élysée. Pour faire croire qu'il fait partie de la famille des Républicains alors qu'il déjeune avec son futur patron à l'Élysée. Mais cette bassesse, il ne la présente pas ainsi sur scène. Il s'amuse à narrer comment il parvient à semer les journalistes en passant par le souterrain de l'Assemblée avant d'aller déjeuner secrètement avec le président tout juste installé à l'Élysée.

Quel talent de conteur ! Quelle rigolade ! Ah, la noblesse de l'engagement politique… quand elle conduit à rapporter sur le ton de la plaisanterie la plus honteuse des trahisons.

Car Édouard Philippe sait ce qu'il fait. Si ce soir-là, au Casino de Paris, il joue les comiques en se comparant à un espion, c'est bien parce qu'il est prêt à jouer l'agent double dont la mission est de détruire ses anciens compagnons. Il est conscient de l'entreprise à laquelle il participe. Il aura beau l'habiller *a posteriori* de justifications plus ou moins politiques, la réalité est autre. Le mouvement était engagé avant même le premier tour, et s'il est resté secret, c'est parce qu'il ne fallait pas brûler tout de suite ses vaisseaux. « Nous n'avons rien dit », admet-il en 2021 dans le livre écrit avec son acolyte Gilles Boyer, qui, à l'époque, tout en partageant le secret sur Matignon, continuait à bénéficier de l'étiquette LR aux législatives. Ils n'ont « jamais menti, mais jamais rien dit non plus », croient-ils honnête de nuancer.

Macron mène une opération de débauchages individuels. La nature humaine est ainsi faite que le traître doit être payé pour franchir le pas. Macron ne l'ignore pas. Il paie grassement. Et il est largement payé en retour. Lors de la passation de pouvoir avec le socialiste Bernard Cazeneuve, Édouard Philippe prétend avoir improvisé son discours. À l'en croire, si ce jour-là il a assuré être un homme de droite, c'est uniquement pour répondre à son prédécesseur qui venait de dire son attachement à la gauche. Médiocre coquetterie de l'agent double. À quoi ont donc servi les multiples rencontres avec Emmanuel Macron si ce n'est à préparer le message politique de sa nomination à Matignon ? D'ailleurs, avec le recul, Édouard Philippe se montre plutôt fier de la portée de ces quelques mots prétendument improvisés. « On se rendra compte, plus tard, que cette improvisation d'un instant a produit son effet sur l'électorat de la droite et du centre, ce qui se traduira dans les urnes aux élections législatives du mois suivant », écrit-il fin 2021. L'homme qui se prétend « libre et loyal » est donc fier d'avoir trahi et d'avoir tiré efficacement contre son camp.

*

Si Bruno Le Maire a au moins eu le courage de se présenter aux législatives sous l'étiquette En Marche, ce ne fut pas le cas de Gérald Darmanin, qui a détalé plus vite qu'un lapin de garenne pour changer de camp. La solidité de ses convictions sera, comme pour Thierry Mariani, comparable à celle d'un jeune chien devant un sac de croquettes.

Après le premier tour de la présidentielle, le maire de Tourcoing est toujours LR. Il veut faire partie de ceux qui comptent. Il tient beaucoup à ce que François Baroin s'affiche à ses côtés lors de la campagne des législatives, même si, en tant que maire de Tourcoing, il n'est pas candidat. Il a envoyé plusieurs messages au maire de Troyes, qui a pris la tête de cette bataille pour Les Républicains. Mais chacun sait que François Baroin ne vit pas le portable vissé à l'oreille. La réponse tarde. Darmanin me demande de relayer son message. Ce que je fais volontiers. Avec François Baroin, nous prenons donc le TGV pour aller soutenir les candidats nordistes. Comme il s'agit du lancement de notre campagne, un journaliste de *Paris Match* nous accompagne dans le train. Ce sera l'occasion de préciser les ambitions des Républicains.

Cette présence médiatique n'a pas échappé à Gérald Darmanin, qui nous rejoint dès notre arrivée en gare de Lille, histoire d'être sur la photo que publiera la presse.

« Le profil de François Baroin est plus adapté pour reconquérir l'électorat populaire qu'on a perdu. Et puis sa personnalité aide à rassembler notre famille », précise-t-il avec conviction.

Sur place, la journée est chargée. Nous répondons à tous les journalistes. Nous pensons que nous pouvons encore imposer une cohabitation au président nouvellement élu. Gérald Darmanin en semble aussi persuadé que nous. Nous sommes le jeudi 11 mai.

Le mardi 16, Édouard Philippe devient Premier ministre. Le lendemain, mercredi 17 mai, Gérald Darmanin tourne casaque et accepte d'entrer au gouvernement.

Paris Match est déjà sous presse. Et la version papier de l'hebdomadaire publie les louanges que l'édile du Nord tressait à François Baroin quelques jours plus tôt. Désormais, Gérald Darmanin sera le plus odieux et le plus sectaire des ministres contre Les Républicains.

*

Il existe deux conceptions de la politique.

Il y a ceux qui savent que la politique est un combat collectif mené pour l'intérêt général. Nous prenons des coups, rudes souvent, mais nous défendons nos convictions pour obtenir des citoyens le mandat qui nous permettra de mettre en œuvre nos idées au nom du bien général.

Il y a ceux qui pensent que la politique est une carrière destinée à les mettre en lumière. Pour ceux-là, les convictions sont négociables, selon la récompense promise.

Ce que je reproche le plus à ceux qui ont planté des poignards dans le dos des Républicains, c'est leur duplicité. C'est d'avoir trahi leur camp sans avoir le courage de le faire en face. Leur plus grand tort est de vouloir faire croire que leur attitude est l'essence même de la politique. Ils confondent combats et trahisons. Dans la vie, comme en politique, cette confusion est impardonnable. On peut se tromper. Mais on n'a pas le droit de tromper consciemment ses amis et son pays.

20

Marine Le Pen, les peurs et les colères comme boussole

Marine Le Pen est souvent en colère. C'est sa marque de fabrique. Elle épouse toutes les colères pour rembourrer son matelas électoral. Ce recours au dénigrement plutôt qu'à l'argument s'est retourné contre elle lors du débat de l'entre-deux-tours en 2017. Depuis, elle s'efforce de corriger le tir en offrant son sourire figé aux caméras et en se présentant comme une femme politique assagie, moins agressive.

Mais le naturel revient toujours au galop. Surtout quand elle subit un échec. C'est le cas lors du premier tour des régionales en 2021. Au lieu de s'interroger sur les raisons qui ont conduit les électeurs à bouder ses candidats, elle a du mal à maîtriser sa colère contre eux. Les dents serrées, elle sermonne sèchement ses électeurs qui n'ont pas pris « cinq minutes de leur temps » pour aller voter, rabroue ses partisans avec la même véhémence qu'un adjudant-chef face à des recrues distraites pendant l'appel. Pour un peu, elle les traiterait de fainéants. Son penchant autoritaire perce sous le sourire de convenance.

*

Marine Le Pen prend les électeurs pour des naïfs depuis vingt ans. Aux côtés de son père pour la présidentielle de 2002, elle a appris à surfer sur les peurs. « Vous êtes en colère, vous avez raison. Je suis d'accord avec vous, je pense comme vous. Votez pour moi, car moi aussi je suis en colère. » Voilà en résumé l'argumentaire électoral de Jean-Marie Le Pen repris par sa fille. Le premier se satisfaisait de ce vote protestataire, largement promu par les manœuvres de François Mitterrand afin de gêner la droite. Sa fille en veut plus, elle se rêve à l'Élysée !

Pour y accéder, elle s'efforce de se rendre crédible, sans pour autant renoncer à sa raison d'être électorale, qui est de ne jamais laisser retomber la contestation en entretenant les divisions. Mais au fil du temps, les électeurs ont compris la supercherie. Le Rassemblement national est incapable d'exercer le pouvoir. Ses prétendues propositions ne visent qu'à alimenter les rancœurs, pas à améliorer réellement la vie des Français. Un constat qui explique le faible score des candidats lepénistes aux dernières régionales. Les électeurs du RN ont saisi que le parti de Marine Le Pen n'avait pas l'intention d'agir en faveur des régions. Que leur mission était simplement d'offrir un score flatteur à leur dirigeante. Que le RN ne cherche pas à résoudre les problèmes, mais se sert d'eux afin d'assouvir le goût du pouvoir de sa présidente.

*

Prenons l'exemple de la position des élus RN en Île-de-France sur la sécurité. Évidemment, le RN constate l'impuissance des forces de l'ordre pour exercer leur mission par manque de moyens et notamment de locaux décents. Mais quand l'assemblée régionale décide de financer la rénovation et la sécurisation de certaines casernes de gendarmes et des commissariats où la situation est particulièrement critique, le mouvement frontiste est aux abonnés absents.

Le RN prospère en dénonçant l'insécurité. Il épouse la colère des habitants, et l'encourage même, mais quand il s'agit de trouver des solutions… eh bien, il dénonce et se retranche derrière des arguments technocratiques selon lesquels les questions de sécurité ne seraient pas de la compétence des régions !

Le positionnement essentiel du RN, en fait, c'est d'être contre, jamais pour. Une incapacité à prendre ses responsabilités qui se vérifie régulièrement au niveau européen, loin des médias français.

Lorsque, en 2016, après les attentats qui ont ensanglanté la France, le Parlement européen adopte enfin le PNR, c'est-à-dire le partage des données des voyageurs afin de détecter les parcours des passagers susceptibles de commettre un attentat, les députés RN, pourtant si prompts à réclamer des mesures de protection face aux terroristes, ne votent pas cette disposition. Le prétexte invoqué laisse sans voix : « Les terroristes ne prennent pas l'avion », certifie Marine Le Pen. Même opposition au renforcement des pouvoirs et des moyens de l'agence Frontex. L'objectif est pourtant de renforcer le contrôle aux frontières. Les mêmes votent également contre le budget d'Europol, qui coordonne la lutte contre la grande criminalité et le terrorisme. Pour le RN, mieux vaut entretenir le ressentiment contre l'Union européenne en accusant son inefficacité que lui donner les moyens d'agir.

La cohérence n'est pas la première vertu de Marine Le Pen. Elle qui n'avait pas de mots assez durs contre l'euro en 2017 n'ose plus désormais tenir ce discours. Mais elle est toujours fâchée avec les chiffres et la réalité.

Marine Le Pen prétend revenir à la retraite à soixante ans, comme en 1980, en ignorant qu'entre-temps l'espérance de vie a augmenté de dix ans entre une personne née en 1970 et une née en 2020. En cinquante ans, elle est passée de 75,9 à 85,3 ans pour les femmes et de 68,4 à 79,2 ans pour les hommes. Mais la présidente du RN préfère promettre des mesures agréables à entendre, et irréalisables, plutôt que de dire la vérité aux Français. Fort heureusement, ils la découvrent par eux-mêmes.

*

En plus de ce discours simpliste qui mènerait le pays dans une impasse dramatique, les propos agressifs de Marine Le Pen font écran à une autre réalité dont les électeurs ne sont plus dupes, c'est son isolement.

La présidente du Rassemblement national ne fait confiance à personne autour d'elle. Elle ne dispose d'aucune équipe. Contrairement à ce qu'elle affirme, son mouvement n'attire pas les compétences. Elle décroche seulement quelques opportunistes peu regardants. À la question de savoir comment elle gouvernerait le pays dans ces conditions, elle répond d'une pirouette : nommer un gouvernement d'union nationale, c'est-à-dire s'entourer de gens sans grandes convictions et appâtés par un portefeuille ministériel !

Gouverner un pays demande davantage de convictions et de courage. Être investi d'un mandat, c'est oser des choix et savoir les justifier. On ne peut pas tout faire en même temps. Il faut poser des priorités, les hiérarchiser et, surtout, défendre la logique qui engendre ses choix.

Marine Le Pen en est bien incapable. Elle n'a ni le sens de l'État ni celui de l'intérêt général.

21

On ne reconstruit pas une maison par le toit

On s'est pris un trente-huit tonnes en pleine face, on est complètement sonnés, mais on respire encore. À terre, mais pas tout à fait morts. Le soir des élections européennes en mai 2019, autant le reconnaître, on ne s'attendait pas à ça. Nous situions notre score entre 13 et 14 %, ce qui n'était pas fameux. Mais 8,5 !

*

Est-il utile de revenir en détail sur cette campagne ? Elle a été mauvaise. Nous avions un discours sérieux et responsable sur une Europe forte, avec des frontières solides, qui protège ses populations, mais étions pris en tenaille par le duo Macron/Le Pen. Et n'avons pas réussi à sortir de ce piège.

Nous avons mené une campagne sur l'enjeu européen alors que Marine Le Pen et Emmanuel

Macron, eux, rejouaient la présidentielle. Face à ces deux mastodontes, trop peu expérimenté et porté par un idéal européen dont les commentateurs n'avaient que faire, François-Xavier Bellamy n'était pas le bon candidat. Quand il est venu sur des sujets nationaux, sans aucune portée sur l'enjeu européen, en exposant son opposition à l'IVG ou sur la fin de vie à propos de Vincent Lambert, il a offert l'image caricaturale de la droite qu'attendaient précisément les duettistes. Le résultat fut terrible.

Nous sommes tous responsables de ces erreurs stratégiques. Et je m'en veux encore de ne pas avoir réussi à convaincre Laurent Wauquiez de se porter candidat. Homme politique averti, il aurait été mieux armé pour cette campagne qui ne parlait pas de l'Europe et dont les véritables chefs de file étaient absents des listes. Combattant et courageux, par sa forte personnalité, il aurait eu le répondant nécessaire. Mais il voulait poursuivre son travail à la tête de sa région, ce qui est tout à son honneur.

Après cette déroute historique, deux ans après la non moins historique défaite à la présidentielle, Laurent Wauquiez a eu le courage et la dignité d'assumer seul cet échec collectif. Il faut lui en rendre justice. Quand il m'a appelé pour m'informer de sa démission, qu'il annoncerait au journal de 20 heures le dimanche soir, je n'ai pas essayé de le dissuader. J'ai cherché des mots de réconfort, mais je savais qu'il n'avait pas le choix.

Nos éternelles querelles d'ego et autres mesquineries ont joué à plein dans cet échec. Combien se réjouissaient en catimini de ses malheurs ? Combien pesaient encore les rancœurs de la primaire de 2016 et de l'échec de 2017 ?

Nous en sommes là après le passage du trente-huit tonnes, en plein milieu de la chaussée. Exsangues. Sans aucune force. Incapables d'éviter une trottinette qui nous foncerait dessus. Mais la rue est déserte. Personne ne s'intéresse plus à nous. On nous croit morts. Il n'y a qu'une chose à faire, et nous le savons tous : nous rassembler en vue des prochaines élections.

*

Pour cela, de l'avis général, il faut que quelqu'un se dévoue afin d'enclencher un tel mouvement à la tête du parti. Quelqu'un qui a suffisamment d'expérience pour ne pas être contesté, mais qui ne s'investit pas dans la fonction au point de vouloir tenter sa chance en 2022. Aux yeux de beaucoup, je suis l'homme idoine. Mes amis me sollicitent, un par un. Mon nom circule rapidement. Je demande vingt-quatre heures avant de me décider.

Je suis lucide. La maison LR est délabrée. Encore une bourrasque comme celle des européennes, et elle s'effondre. Pourtant, ces déconvenues auraient pu être évitées. C'est nous qui les avons provoquées. Certes, Emmanuel Macron et Marine Le Pen ne nous ont pas aidés, mais nos divisions, notre incapacité à mettre en avant ce qui nous rassemble en préférant entretenir nos petites musiques personnelles et égoïstes ont failli nous tuer. Nous ne sommes pas guéris de nos travers pour autant. Il y aura encore des secousses. La partie ne sera en rien facile. Pourtant j'ai une idée assez claire sur la manière de procéder. Il faut d'abord reprendre les fondations et les consolider. Ce sera long et ingrat, tant une entente entre chapeaux à plumes sur le coin d'une table ne durerait que jusqu'à la prochaine querelle. Du militant au candidat potentiel à la prochaine présidentielle, tout le monde doit donc se remettre au travail, ensemble. Nous avons perdu de vue ce qui nous rassemble, à nous d'avoir de la patience et beaucoup de sang-froid. Heureusement, je ne suis pas seul. Mes collègues députés, qui connaissent ma façon de jouer collectif et d'essayer de valoriser tous les talents, sont derrière moi. Le président du Sénat, Gérard Larcher, ne prend pas position, mais il aura toujours des mots très chaleureux à mon égard. Ce qui ne sera pas le cas de mon homologue au Sénat : Bruno Retailleau ne me soutient pas. Cela n'empêche pas les sénateurs LR de me suivre également. Finalement, il renoncera à ouvrir un nouveau front interne en se présentant contre moi.

Comme toujours, je prends la campagne très au sérieux. Je fais mon tour de France sans rien laisser de côté. Les militants me font bon accueil. Certaines réunions sont carrément enthousiastes. Il se dégage alors une énergie encourageante. Je suis élu dès le premier tour avec 62,5 % des voix, face à Julien Aubert (21,2 %) et Guillaume Larrivé (16,1 %).

*

Je commence aussitôt par organiser des forums thématiques, préparés et animés par les députés et les sénateurs LR, rassemblant des élus territoriaux, les cadres nationaux et des experts. Ils donneront lieu à des conventions avec des propositions soumises au vote des militants. En dix-huit mois, nous organisons 250 réunions au siège du parti. Pendant le confinement, nous passons même à des retransmissions en direct très suivies. Ce travail a peu d'écho public, pourtant il irrigue nos fédérations.

Contre tous les pronostics, aux élections municipales, Les Républicains remportent plus de la moitié des villes de plus de 9000 habitants. Les commentateurs, eux, préfèrent se focaliser sur la victoire des écologistes dans quelques villes. C'est vrai que cette percée est inédite, mais elle ne devrait pas masquer notre remise sur pied. Car, après tout, nous sommes le seul parti dont le nombre d'adhérents augmente significativement. Un parti qui revient de loin. Nous n'étions plus que 60000 encartés fin 2019 et finirons vraisemblablement l'année 2021 à 100000.

Nous réunissons le comité des maires régulièrement. Ces rencontres permettent d'échanger de bonnes pratiques pour mieux administrer nos villes. Elles donnent aussi une cohérence et une unité à notre action. Nous mettons en place des fédérations professionnelles pour enrichir notre approche par une vision concrète des enjeux. Lesquelles conventions accueillent des personnalités d'envergure, qui ne partagent pas toujours nos idées, mais qui viennent en débattre avec nous. Nous avons ainsi réuni le patron de la CFDT, Laurent Berger, et celui de la CPME, François Asselin, pour réfléchir sur l'emploi ; Geoffroy Roux de Bézieux, le patron du Medef, ou l'ancien cadre d'Alstom emprisonné aux États-Unis, Frédéric Pierucci, pour parler de la souveraineté économique ; l'ancien inspecteur général de l'Éducation nationale, Jean-Pierre Obin ; Brice Lalonde à propos du réchauffement climatique ; Christiane Lambert, la patronne de la FNSEA, et Michel-Édouard Leclerc pour évoquer la souveraineté alimentaire et agricole ; ou encore l'avocat Thibault de Montbrial et l'imam Chalghoumi à propos de l'immigration.

*

Cette tâche est exigeante. Elle enrichit notre réflexion et nos propositions, permet de retrouver et de formuler nos points d'accord. Qui s'avèrent importants et nombreux. Ce travail finira par payer.

Mais il est invisible. La presse n'en parle jamais. Il est plus facile de faire mousser le désaccord de quelques-uns en recherche de posture que de raconter l'entente du plus grand nombre. Au moins, sur le terrain, notre socle idéologique est mis en avant. Il démontre que, sur l'essentiel, nous sommes rassemblés. Mais décrire un parti qui travaille et se rassemble n'est pas très vendeur médiatiquement. Fort heureusement pour la presse, il s'organise toujours un couac ici ou là qu'il est facile de surdimensionner. Les journaux et les éditorialistes ont vite fait de s'en emparer pour reprendre la même rengaine facile : « LR n'a pas de projet, LR n'a pas d'idée, LR n'a pas de candidat, LR n'existe pas. »

*

Il est vrai que dans nos rangs, certains sont assez doués pour jouer la petite musique discordante qui porte cette ritournelle. L'élection d'Emmanuel Macron, celui que personne n'attendait, encourage les naïfs pour lesquels il suffirait de croire très fort en son destin afin d'être élu président de la République. Il faudrait simplement savoir sortir du lot pour y arriver. Alors, ils s'efforcent de sortir du lot. Ils rivalisent de propositions plus personnelles les unes que les autres, ils ignorent complètement le parti auquel ils appartiennent en n'honorant pas de leur présence les réunions de travail que la direction organise. Et, ce faisant, ce n'est pas moi qu'ils méprisent – j'en ai vu d'autres –, mais les militants et tous ces Français qui mesurent l'inefficacité d'Emmanuel Macron et l'impasse dans laquelle Marine Le Pen veut les conduire. Comment espèrent-ils les mobiliser ensuite ? Par quelques flatteries et leur performance dans les sondages ? Les militants sont comme les électeurs, leur confiance se mérite.

Je ne parle même pas de ceux qui réservent la primeur de leurs annonces et leurs recommandations concernant notre vie interne à la presse. Comme s'ils avaient peur de disparaître dans la foule s'ils prenaient la peine de s'y mêler. D'une certaine manière, leur façon de faire cavalier seul est un aveu de faiblesse.

On me reproche parfois ma mansuétude. Mais je le redis avec force, mon rôle est de rassembler, pas d'excommunier ! Je sais que tous ceux-là ont du talent. Et je sais que notre candidat aura besoin de tous ces talents, autant qu'il aura besoin de personnalités expérimentées et fortes, et de militants enthousiastes et nombreux. Quand on a quitté le mouvement – soit parce qu'on pensait pouvoir s'en priver, soit parce qu'on a voulu croire qu'il était verrouillé –, quand on se croit tellement au-dessus du lot qu'on oublie de parler aux siens, à un moment ou à un autre, pour gagner, il faut bien retrouver le chemin des militants. Un chemin balisé par le respect. Je ne doute pas que ces individualités sauront montrer que cette qualité ne les a pas quittées au profit de leur ambition.

*

Qu'ils soient déclarés officiellement ou pas encore, tous nos présidentiables ont, à des degrés divers, une légitimité. Mais ils doivent jouer collectif, et mettre leurs compétences et leur combativité au service de l'intérêt général. Dans une même famille, il n'est pas possible de jouer à « Tu es avec moi ou contre moi ». Nous sommes ensemble et déterminés à mettre fin au pouvoir macroniste et à faire en sorte que jamais Marine Le Pen n'y parvienne, en promouvant un projet et une équipe d'alternance sérieux et crédibles. Pour autant, on ne gagne jamais sur la seule critique de ses adversaires, et encore moins en faisant des croche-pieds à ses amis.

Puisque je parle des présidentiables, je veux dire les choses clairement à propos de François Baroin. Il est mon ami depuis longtemps. Mon frère de lait chiraquien même. Il fait partie de ceux qui m'ont encouragé à prendre la présidence des Républicains. Avec lui – comme avec d'autres –, nous avons examiné comment il fallait s'y prendre pour remettre le parti en ordre de bataille, pas seulement pour la prochaine élection présidentielle, mais durablement, en formant une nouvelle génération. C'est à elle que je pense lorsque je nomme Aurélien Pradié secrétaire général. Par son état civil, son courage et sa personnalité, il ouvre une voie.

Je sais ce que François Baroin attend de moi. Il sait quelles ambitions je nourris pour lui. Est-ce que sa possible candidature faisait partie des éléments que j'ai soupesés avant de me décider ? La réponse est oui. Est-ce que je lui en ai parlé ? La réponse est oui. Est-ce que je lui ai demandé s'il serait candidat en 2022 ? La réponse est oui. Quelle a été sa réponse ? Que sa décision n'était pas arrêtée. J'ai insisté : « J'ai besoin de savoir. Si tu me dis que tu ne seras jamais candidat à la présidentielle, ce n'est pas la même chose que si tu me dis : "J'y réfléchis." Si c'est jamais, je vais peut-être hésiter. »

François Baroin m'a répondu qu'il fallait que je prenne la présidence des Républicains. Il ne m'a jamais fait défaut depuis, bien au contraire, son soutien m'a été précieux, comme il l'a été à nos candidats aux municipales, aux sénatoriales, aux départementales et aux régionales. Je ne lui ai jamais demandé s'il comptait être candidat avant la fin du cycle électoral de 2021.

Je ne souhaitais pas aborder la question du choix de notre candidat à la présidentielle avant les élections régionales. On ne pose pas la charpente avant les murs. Il fallait consolider notre socle électoral et notre projet avant de nous lancer dans cette bataille. Désormais, nos bases sont solides, le résultat des élections régionales et départementales l'a confirmé. Il est temps de nous rassembler derrière le candidat que nous désignerons dans les temps, en novembre. J'ai toujours pensé que François Baroin était le meilleur. Il le sait, mais il sait aussi que je respecterai son choix, quel qu'il soit.

22

Passer le relais

J'avais vingt-huit ans quand j'ai rencontré pour la première fois Jacques Chirac. Il m'a ouvert les portes de l'action politique. Il m'a guidé. Il m'a encouragé. Nous sommes une génération entière venue à la politique grâce à lui. Jacques Chirac n'a pas seulement été un grand président. Jacques Chirac a été un grand homme politique parce qu'il a su préparer la relève.

En politique, les grands hommes ne se mesurent pas au nombre de mandats qu'ils ont exercés. Ces parcours-là reposent sur des ambitions individuelles. Les grands hommes politiques sont ceux qui transmettent leur vision et leur savoir à plusieurs générations.

*

Nombreux sont ceux qui n'ont pas connu le général de Gaulle, et qui pourtant sont imprégnés de ses valeurs. Pour moi, elles reposent sur des priorités qui étaient aussi celles de Jacques Chirac et de Nicolas Sarkozy, à commencer par le rassemblement. De Gaulle n'a jamais distingué entre les classes sociales, il s'est toujours adressé à tous les Français. Ce n'est que récemment que certains ont prétendu parler davantage aux classes moyennes ou supérieures, et un peu moins aux classes populaires. Or, nous devons nous adresser à tous les Français, c'est une évidence. Comment peut-on prétendre rassembler une nation si l'on commence par adapter son discours en fonction du public auquel on s'adresse ? Ce calcul partisan est l'inverse du gaullisme.

Le gaullisme repose évidemment sur l'incarnation de la souveraineté française dans le domaine régalien. L'autorité de l'État au service de la nation prime. Cette autorité repose sur le respect de notre histoire et de notre identité, sans pour autant que nous restions figés face aux évolutions du monde. Il faut seulement intégrer ces nouvelles données en préservant notre autonomie, que ce soit dans le domaine de la sécurité, de l'énergie, de l'alimentation ou de la santé.

Le respect de notre identité ne doit pas nous conduire à nous recroqueviller sur nous-mêmes comme le prône le RN de Marine Le Pen. Au contraire, l'identité de la France, c'est son rayonnement. C'est sa capacité à porter ses valeurs universelles et son message singulier dans le monde. La mondialisation ne doit pas créer l'uniformisation de la pensée, surtout quand certains mouvements venus des États-Unis veulent déconstruire ou réécrire l'histoire. Le passé est une réalité. Mieux vaut le connaître si l'on veut éviter de retomber dans les mêmes pièges.

Mais défendre l'identité française ne signifie pas tourner le dos à la construction européenne. L'engagement européen fait partie des ambitions gaullistes. À condition de construire et non de subir cette évolution. Nicolas Sarkozy l'a démontré lors de la crise financière des *subprimes*. Il a su imposer un leadership français au sein de l'Union européenne qui a permis de réagir rapidement face à ce krach mondial d'une ampleur inégalée. C'est lui aussi qui a arraché un accord lors du conflit géorgien en 2008 avec Vladimir Poutine.

Le gaullisme, c'est aussi le partage de la richesse. Je ne crois pas à la lutte des classes, je crois au rassemblement des classes. Le Général, qui avait créé les comités d'entreprise, avait longuement mûri le principe de l'association, qui est devenu celui de la participation. L'idée est que les salariés récoltent le fruit de leurs efforts à travers leur salaire.

Je ne prétends pas que les responsabilités sont identiques au sein d'une société. Surtout pas moi qui sais ce que sont les angoisses du chef d'entreprise face à ses échéances. Je crois cependant que les salariés doivent pouvoir être impliqués dans les performances de l'entreprise, auxquelles ils ont contribué. Ce n'est que justice. C'est aussi un enjeu social.

Le 1er mai 1949, dans son fameux discours sur le capitalisme du « temps de papa », le général de Gaulle soulignait que « c'est bien la question sociale toujours posée, jamais résolue, qui est à l'origine des grandes secousses ». Son ambition était de « faire cesser le système en vertu duquel les intérêts de ceux qui apportent à la production du travail s'opposent à ceux qui y apportent soit leurs biens, soit leur autorité et qui fait que dans une entreprise, les ouvriers sont les instruments et non pas des participants ».

Je ne crois pas que le général de Gaulle puisse être considéré comme un gauchiste. Cesser d'opposer les patrons aux salariés relève d'une volonté de rassemblement de la nation. Récompenser le travail n'est pas une ambition de gauchiste non plus. C'est une question de justice. Je pense même que vouloir récompenser justement le travail en encourageant l'effort plutôt que l'assistanat est une idée totalement de droite.

Je n'oublie pas l'attachement du Général aux outremers. Mais le but ici n'est pas de refaire l'histoire du gaullisme. Je voulais simplement rappeler la modernité de sa vision. Elle est bien plus progressiste que certaines postures nostalgiques que cultive la gauche. Le gaullisme n'est pas une nostalgie, ce sont des valeurs éternelles. Tellement éternelles que tout le monde s'en réclame, avec parfois une bonne rasade d'indécence.

*

Jacques Chirac était indéniablement gaulliste par son parcours, ses convictions et la politique qu'il a menée. Il était gaulliste aussi dans sa volonté de transmettre ses valeurs. Tout au long de sa carrière, il a préparé la relève. Si la droite est forte de personnalités compétentes aujourd'hui, c'est à Jacques Chirac et à Nicolas Sarkozy que nous le devons.

Pourtant, à l'heure où j'écris ces lignes, il est de bon ton d'affirmer que cette histoire s'est évaporée et que la droite a disparu des écrans radars, absorbée par je ne sais quel magma politique soumis aux populismes les plus divers. Je n'en crois rien.

Au contraire, il existe des jeunes pour lesquels ces valeurs gaullistes ont un sens. Il est de la responsabilité de ceux qui ont travaillé avec Jacques Chirac et Nicolas Sarkozy d'aider cette nouvelle génération à mettre le pied à l'étrier. Aujourd'hui, dans la fonction qui est la mienne, il est de mon devoir de dire à ces jeunes : « Croyez en vous ! C'est à vous de prendre des responsabilités. Nous sommes prêts à vous passer le relais. »

Je n'ai aucun mal à reprendre cette ambition, ayant démarré ma vie publique au sein d'une grande organisation de jeunesse. En cette période marquée par la crise sanitaire, où les moins de trente ans ont particulièrement souffert du confinement du fait du style de vie qui est propre à leur âge, il est de notre devoir de leur donner de l'espoir et de leur permettre de construire eux-mêmes leur espoir. C'est bien quand les plus âgés se tournent vers l'avenir et l'imaginent. C'est encore mieux quand ce sont les premiers concernés qui prennent la main.

Je veux encourager les jeunes à s'engager en politique. Mais il leur faut savoir une chose : ce qu'ils obtiendront, ils ne le devront qu'à eux-mêmes. Les carrières acquises par le fait du prince reposent sur du sable. En politique, rien ne vous tombe tout cuit dans le bec. Il faut se battre pour le prendre. La confiance des citoyens se conquiert. Et personne ne le fait à votre place. Le rôle des plus anciens est de repérer les talents. De soutenir ceux qui ont du tempérament, de l'énergie, l'envie de partager leurs idées et de porter leur idéal pour la société. Ces encouragements les poussent hors du nid, mais ils devront voler de leurs propres ailes.

Je connais des acteurs politiques qui gardent jalousement leur pouvoir. Ils ne supportent pas de partager leur champ de compétences. Comme s'ils en étaient les détenteurs à vie. Ils oublient l'essentiel : l'élection ne nous confie la gestion du bien public que pour un temps limité. Le maire comme le parlementaire, le ministre, le président de la République, tous s'inscrivent dans une histoire locale ou nationale bien plus grande qu'eux. Elle a commencé avant eux. Elle se poursuivra après eux. Leur responsabilité est de transmettre ce bien public en bon état. Et même, si possible, en meilleur état qu'à leur arrivée.

La grande affaire de la politique est la transmission, pas l'appropriation ou le repli. Parce que la politique doit faire avancer la société sans lui laisser oublier d'où elle vient.

*

Beaucoup de jeunes ont envie de s'engager, mais d'une façon qui est différente. Aujourd'hui, ils sont prêts à militer, mais en privilégiant une grande cause sur toutes les autres. Ils préfèrent mobiliser leur énergie pour la défense de la cause animale ou la lutte contre la pauvreté, plutôt que dans un syndicat ou dans un parti politique dont l'approche embrasse toute la société.

Cet engagement pour une motivation bien précise repose cependant sur une certaine facilité. Il est effectivement plus facile d'avancer avec des œillères, sans se préoccuper de ce qui se passe ailleurs. Si l'on ne s'interroge pas sur la globalité de son projet et sur sa compatibilité avec la société entière, il devient inutile de rechercher des compromis. On s'évite des difficultés. On défend la cause, rien que la cause. Mais on risque de se retrouver bien seul à l'arrivée, ou au sein d'une société fragmentée.

Je voudrais inviter ceux qui s'y reposent à sortir de ce confort. Car il est très agréable de se retrouver uniquement entre soi, entre personnes qui partagent la même vision, le même objectif, et appartiennent au même groupe social. Le syndicalisme ou la politique exige de sortir de ce cocon pour se confronter à des personnalités qui partagent certes le même objectif, mais qui sont issues de catégories sociales différentes et qui n'envisagent pas le même chemin pour atteindre leur but.

C'est cela que j'ai appris du syndicalisme agricole : comment rassembler sur une même cause le producteur de porc breton, le viticulteur du Languedoc, le céréalier de la Beauce et l'éleveur du plateau de Millevaches. Il faut trouver la ligne directrice et le compromis qui rassemblent, mobilisent et entraînent tout le monde en ne laissant personne au bord de la route. Il ne faut jamais oublier que le fort c'est celui qui réussit le compromis et le faible celui qui refuse toute négociation.

Aujourd'hui, notre objectif politique doit être d'entraîner la nation entière et non de cultiver des communautarismes ou de chercher sans cesse des boucs émissaires. Bien évidemment, je ne confonds pas Marine Le Pen et Emmanuel Macron ; cependant, je considère que tous les deux se retrouvent sur cette vision segmentée de la société que je ne pourrai jamais partager.

23

Protéger, libérer, rassembler

Ce dimanche soir, sur le plateau de TF1, il suffit de regarder les visages pour comprendre quels sont les résultats du premier tour des régionales. Gabriel Attal pince les lèvres. Le porte-parole d'Emmanuel Macron va devoir expliquer pourquoi son patron n'a dépêché que des ministres sur les plateaux de télévision pour affirmer – contre toute évidence – que ces élections n'ont aucune portée nationale. Jordan Bardella, le favori de Marine Le Pen, accuse le coup d'un recul qui contrarie sérieusement les plans de la présidente de son parti. Les élus de gauche, partis dispersés, échangent des sourires aussi forcés que leurs réconciliations futures. Quant à moi, je ne suis pas du genre à me laisser gagner par une euphorie débordante. J'ai trop d'expérience politique pour imaginer que tout serait réglé après un premier tour. Mais le fait est que je suis plutôt content.

*

Deux jours plus tôt, à en croire les commentateurs et les sondages, les jeux de 2022 étaient faits et Les Républicains déjà hors course.

Au final, nous sommes la seule force d'alternance capable de contester le jeu tacite des duettistes de 2017. Notre responsabilité est immense. Nous aurons besoin de sang-froid et, surtout, nous devrons proposer un projet concret qui redonne espoir aux Français.

Beaucoup de choses expliquent l'abstention, à commencer par l'organisation quasi inexistante de ces élections. Professions de foi même pas distribuées, aucune campagne institutionnelle pour expliquer à quoi servent les régions et les départements. L'exécutif voulait enjamber les élections, il les a escamotées. Mais l'abstention se nourrit essentiellement du sentiment d'impuissance des politiques. Il nous appartient de démontrer que l'action politique est utile, aussi bien sur le plan local que national et international.

Tout en convenant de notre victoire, les commentateurs s'inquiètent aussitôt : « Vous avez gagné, mais c'est un problème, car vous avez trop de talents. » C'est sûr que Marine Le Pen et Emmanuel Macron n'ont pas la même difficulté.

Cinq ans après, on prend les mêmes et on recommence ! Et pour les ministres, on essaie de débaucher chez les adversaires, parce que, en réalité, on n'a pas beaucoup de compétences en magasin. Juste des transfuges malheureux de ne pas avoir obtenu un premier rôle dans la famille qu'ils ont trahie. Ceci explique peut-être cela.

La capacité à pouvoir proposer différents profils de président génère des difficultés de choix, mais constitue aussi une force pour Les Républicains. Vous avez déjà vu un sélectionneur se plaindre d'avoir trop d'attaquants, trop de défenseurs ou trop de gardiens de but avant la Coupe du monde ? Soyons sérieux !

La vraie question est plutôt de savoir comment répondre aux attentes de Français découragés par cinq années de promesses non tenues, cachées derrière des discours ronflants mais sans lendemain.

Pour ma part, après avoir sillonné la France pour rencontrer et écouter de nombreux militants et acteurs locaux, après avoir organisé plus de 200 réunions thématiques et une douzaine de grandes conventions nationales afin de réfléchir à notre projet, je suis convaincu que notre action doit s'organiser autour de trois axes : protéger, libérer, rassembler.

Je ne vais pas développer ici tout le projet des Républicains qui servira de base au programme de notre candidat, je veux simplement en décrire les trois piliers.

*

Protéger

La crise du Covid a agi comme un puissant projecteur éclairant d'une lumière crue des difficultés que les Français devinaient dans l'ombre, mais sans en mesurer la réelle gravité. Notre pays, qu'ils croyaient fort et puissant, est apparu faible et dépendant. Les Français se sont sentis exposés, sans bouclier, dans une crise économique et industrielle inédite à l'échelle de la planète. Leur sentiment de fragilité a été accentué par la montée du communautarisme et de l'ultraviolence, y compris face à l'État, dont la légitimité est contestée par certains groupuscules.

Cette situation est grave. Elle porte en germe le risque du délitement de nos institutions. Si l'État donne le sentiment de céder face à la violence ou au séparatisme, les Français qui ont besoin de sa protection perdront confiance. Et en matière d'insécurité, la menace est grande.

Quand les décisions de l'État ne sont pas exécutées, les Français ne se sentent pas protégés. Il est impératif que les peines prononcées soient réellement exécutées, immédiatement, y compris pour les mineurs. Une sanction qui tombe des mois, voire des années après le délit entretient le sentiment d'impunité et encourage la récidive. Un véritable plan de réarmement régalien de 1 % du PIB en cinq ans est indispensable. Il suppose notamment de relancer d'urgence la construction de places de prison, un objectif abandonné par François Hollande et Emmanuel Macron. Assurer la sécurité des Français passe par le respect des agents de l'État, qu'il s'agisse des forces de l'ordre, des pompiers, des personnels de santé, des enseignants, des agents du service public ou des élus. Comment l'État peut-il être fort s'il accepte le manque de respect vis-à-vis de ses agents ? Dans ce cas, les peines des agresseurs doivent être alourdies.

Un État doit être en mesure de faire respecter ses lois sur son territoire. Nous ne pouvons pas accepter une immigration incontrôlée dont les conséquences sont mal vécues par les Français, y compris par ceux qui sont issus de l'immigration.

Le respect de l'État impose de ne pas régulariser ceux qui arrivent illégalement en France, en estimant superflu de respecter ses lois. Régulariser à tour de bras les clandestins, c'est encourager les filières illégales. En revanche, le droit d'asile est à l'honneur de la France qui accueille et protège les personnes persécutées pour leurs idées politiques, sans confondre persécution et divergences, et sans autoriser les demandeurs d'asile à s'exonérer des lois françaises.

L'auteur d'un crime sur le sol français doit être renvoyé dans son pays d'origine. Là encore, il ne suffit pas d'afficher des principes sans les appliquer. Les reconduites à la frontière doivent être effectives. Une politique d'aide au pays d'origine est indispensable et doit être renforcée, mais elle doit être soumise à l'acceptation par ces États de leurs ressortissants expulsés. Les aides ne sont pas à sens unique.

Protéger les Français, c'est aussi protéger leur santé. Nous devons refonder notre système apparu à bout de souffle, car désorganisé lors de la crise sanitaire. Une loi de programmation de cinq ans permettra de planifier clairement les objectifs et les moyens, en tirant les leçons de ce que nous venons de vivre.

Une véritable politique de santé passe inévitablement par la prévention et l'éducation, et ce dès le plus jeune âge. L'apprentissage d'une alimentation saine commence à l'école, où les enfants doivent apprendre à choisir entre différents plats afin de savoir composer un menu équilibré qui respecte leurs goûts. Les selfs coûtent plus cher que les cantines où le menu est imposé, mais je suis persuadé que cet investissement sera récompensé quelques dizaines d'années plus tard avec des adultes en meilleure santé. Le développement de l'obésité aux États-Unis est un signal que nous devons entendre. En France, l'obésité concerne un Français sur six, c'est-à-dire plus de huit millions de personnes en 2020. Ce n'est pas un sujet mineur à mes yeux. Il pèse sur les personnes concernées et sur nos dépenses de santé.

De même, l'éducation à la contraception doit se faire dans le milieu scolaire au moment des premières expériences. Il n'est pas normal que des adolescentes subissent des IVG par manque d'information. L'IVG est un choix qui doit être effectué en connaissance de cause, librement, pas par méconnaissance de son corps. C'est toute notre politique de prévention et de financement de la recherche qui doit être remise à plat. Bien protéger, c'est permettre à chacun d'exercer ses libertés.

*

Libérer

La crise de confiance entre les Français et leurs gouvernants ne date pas d'hier. Les électeurs ont commencé à douter de la puissance du pouvoir des politiques avec l'internationalisation des relations économiques et des crises. Depuis une dizaine d'années, cette interrogation s'est accentuée, car les responsables nationaux ne font plus assez confiance aux Français. Ils réglementent, encadrent, soumettent à autorisation préalable et *a posteriori*. Ils veulent concentrer tous les pouvoirs entre leurs mains. Cette incapacité à déléguer bride la liberté et l'énergie des Français. Notre pays est moins performant. La confiance de ses citoyens envers des gouvernants qui semblent se méfier d'eux s'érode.

Je crois au contraire qu'il faut libérer les initiatives à tous les niveaux d'action, à commencer par celles des acteurs politiques qui sont au plus près des besoins des Français : les collectivités locales. Tout simplement parce qu'elles aident, mobilisent et libèrent les énergies. L'État ne doit pas tout régenter, mais favoriser les espaces de liberté fertiles. Il doit clarifier les domaines de compétences de chacune des collectivités, en leur confiant la capacité financière de les exercer. Il ne peut pas les contrôler à travers la manne financière qu'il leur accorde. L'État ne peut prétendre donner le volant aux collectivités locales tout en gardant les pieds sur les pédales.

La liberté d'entreprendre concerne évidemment au premier chef les entreprises. Il faut en finir avec la transposition des normes, qui crée des distorsions de concurrence au sein de l'Union européenne. Pour cela, il suffirait d'adopter une règle simple : aucune norme nationale ne devrait être plus contraignante que la norme européenne. Nous sommes aujourd'hui face à une véritable aberration qui consiste à interdire aux agriculteurs français l'utilisation de produits phytosanitaires autorisés chez nos voisins. Les consommateurs français consomment en toute indifférence ces produits importés alors que les agriculteurs français ont l'interdiction de les cultiver dans les mêmes conditions. Ce qui vaut pour l'agriculture vaut pour l'industrie : l'excès de normes handicape nos entrepreneurs face à la concurrence.

Les entreprises doivent pouvoir définir le temps de travail au plus près des bons de commande. Cette réactivité est gage de réussite. En posant uniformément un carcan de 35, 39 ou 40 heures, l'État les empêche de coller à la réalité de leur marché.

Laissons au chef d'entreprise ou à la branche, dans le cadre de la négociation salariale, la possibilité de définir le temps de travail entre 35 et 40 heures. Cela se traduirait par une augmentation de salaire et un gain de compétitivité pour l'entreprise.

La liberté de s'adapter au marché concerne également les salariés. Leur carrière doit pouvoir évoluer au fil des années. Il faut reconnaître et apprécier l'expérience. Pour cela, nous devons généraliser la VAE, la validation des acquis de l'expérience. Arrivé à un certain âge, le fait de devoir repasser des concours ou des diplômes démotive au lieu d'encourager. Un dialogue social bien mené aide l'entreprise et ses salariés à aller de l'avant, car pour bien répondre au marché, la direction et les salariés ont partie liée.

La liberté passe aussi par la liberté de choix pour le système d'enseignement dès le plus jeune âge, en supprimant le collège unique, en développant le système d'apprentissage dès quatorze ans et toutes les possibilités de formation par alternance.

Libérer le travail, c'est aussi le rendre accessible à ceux qui aujourd'hui sont enfermés dans un système d'assistanat. La solidarité de la nation doit favoriser le retour à l'emploi. Elle ne doit pas enfermer ou isoler.

*

Rassembler

La liberté de chacun n'est possible que si elle respecte celle des autres. Pour cela, la conviction d'appartenir à la même nation est primordiale. C'est le rassemblement de ses différences qui fait la force d'une nation. Or, certains groupes politiques ne voient leur salut que dans l'opposition des Français entre eux. On ne peut pas continuer à opposer les patrons aux salariés, les actifs aux inactifs ou aux retraités, les hommes aux femmes, les jeunes aux vieux, les classes sociales entre elles, et créer des communautés qui se dressent les unes contre les autres en fonction de leur origine, de leur religion ou de leur carnation. Ces antagonismes nous affaiblissent. Ils sont en totale contradiction avec l'histoire de notre pays.

Le devoir du politique est de s'adresser à tout le pays, sans distinguer les Français entre eux, y compris ceux qui veulent le devenir.

Nous devons réduire le nombre d'étrangers en France afin de pouvoir mieux les accueillir. Il faut oser reprendre un mot devenu tabou, celui d'« assimilation ». L'assimilation des étrangers est un beau projet. C'est la spécificité de l'approche française qui permet à chacun de devenir un citoyen français en dépassant son statut d'origine. L'assimilation est le creuset de l'égalité. Elle conforte l'unité de la nation.

L'assimilation suppose que les étrangers qui s'installent en France adhèrent au projet républicain et aux règles communes autour des valeurs fondamentales de la liberté, de l'égalité et de la fraternité. Elle implique notamment de respecter la liberté d'expression, la laïcité ou l'égalité entre les hommes et les femmes. L'aide à l'assimilation des immigrés réguliers ne doit pas être un vain mot. L'accompagnement dans la maîtrise du français, dans la compréhension et l'acceptation des règles communes, l'accès à la formation professionnelle pour des métiers qui recrutent doivent être renforcés. Cette prise en charge est indissociable d'une bonne assimilation.

Dans tous les domaines, le rassemblement des Français suppose de sortir des visions toutes faites qui alimentent les mêmes polémiques depuis des décennies sans apporter la moindre solution. Nous avons la spécialité des faux débats.

Prenons par exemple l'impôt sur le revenu. Il faut le baisser pour les uns, l'augmenter pour les autres, revoir les tranches, supprimer les niches, que sais-je encore ? En réalité, ce débat ne concerne que la moitié des Français, les autres n'étant pas imposables ! Ce qui compte vraiment pour les ménages, c'est le niveau global des prélèvements obligatoires. À quoi bon réduire l'impôt sur le revenu si c'est afin d'accroître la TVA ? Il est très populaire d'annoncer la suppression de la taxe d'habitation, mais si c'est pour faire croître la CSG, le gain est nul.

Cessons d'entretenir des débats factices et posons les vrais sujets sur la table, sans faux-fuyants. C'est quand ils auront la même connaissance de la situation que les Français se rassembleront sur des solutions justifiées par l'intérêt général.

Dans ce cadre, un État prévoyant doit être en mesure de présenter un budget en équilibre. On ne peut pas continuer à s'endetter en renvoyant le problème sur nos enfants ou nos petits-enfants. Un candidat à la présidentielle doit exposer clairement son objectif de retour à l'équilibre. Que ce soit dans cinq ou dix ans, il doit le planifier. Celui-ci ne se décrète pas en suivant une règle d'or, aussi vaine que les bonnes intentions du Nouvel An, il s'anticipe.

Évidemment, il faut être conscient du fait qu'avec le gouvernement actuel, c'est *open bar* à tous les étages. La crise a bon dos. Le plan de relance doit absolument distinguer entre les dépenses structurelles et les dépenses conjoncturelles, qui doivent être étalées dans le temps. Autrement dit, ces dernières années, les dépenses exceptionnelles liées à la crise ne doivent pas être confondues avec les dépenses courantes, qui avaient déjà explosé avant l'arrivée du virus en France, à cause d'une gestion des finances publiques encore plus catastrophique avec Emmanuel Macron qu'elle ne l'était avec François Hollande. Il tombe sous le sens que le Parlement doit contrôler tous les ans le suivi effectif de la ligne budgétaire sur laquelle l'exécutif se sera engagé.

La défense d'une politique budgétaire dans sa globalité, sous le contrôle des élus de la nation, est une démarche indispensable au rassemblement des Français sur un avenir commun. Faute de quoi chacun ne se préoccupe que de ses intérêts propres, la nation se morcelle, le pays s'expose au pire.

Le projet des Républicains est de rassembler les Français autour d'un projet qui englobe et régénère toute la nation.

Épilogue

Depuis deux ans que je dirige Les Républicains, d'élections en élections – municipales, sénatoriales, législatives partielles, départementales et régionales – les Français manifestent leur adhésion à nos valeurs et à nos méthodes, qui passent par un travail de terrain efficace. Les Républicains ont démontré leur capacité à gérer les collectivités. Nous avons recommencé à travailler ensemble sur notre projet. Nous, ce sont les cadres et les élus, mais aussi les militants qui reviennent et qui font des dons. On ne donne pas d'argent à un parti politique sans croire à son avenir. Ces contributions financières traduisent combien nous sommes attendus en 2022.

*

Cette pression sur nos épaules engendre parfois de l'affolement. Certains voudraient se précipiter pour désigner tout de suite notre candidat et lancer la bataille dès l'été, dix mois avant l'échéance. « Comme ça, on sera tranquilles », pensent-ils.

Je comprends leur inquiétude, mais elle est mauvaise conseillère. On ne sera pas tranquilles du tout. Ils sont persuadés qu'une fois l'heureux adoubé par quelques points d'avance dans les sondages, celui-ci sera seul maître à bord. J'ai trop d'expérience politique pour croire que quelqu'un qui se porte candidat à la présidence de la République y renonce de bonne grâce en quelques jours. Je sais comment se construisent les rivalités et les écuries, avec des promesses de postes plus ou moins explicites. Mais ces promesses de fauteuils ou de strapontins, même quand elles sont accordées de bonne foi, ne valent rien le lendemain du scrutin. Aucun gouvernement ne se forme à l'avance. L'élection crée une situation politique nouvelle, impossible à anticiper, sauf à ignorer le message des Français.

En revanche, s'il est une chose qui se prépare à l'avance, c'est le rassemblement de toutes nos forces. Le rassemblement est indispensable, je le dis et je le répète, mais l'unité ne se décrète pas. Elle ne s'impose pas. Elle se construit, et ce cheminement prend du temps.

Or, nous avons le temps. Si elle débutait en novembre – comme c'est le cas depuis le début de la Cinquième, mis à part les présidents sortants –, la campagne électorale durerait cinq mois. Pas moins de la moitié d'une année pour un mandat qui en dure cinq. C'est un délai tout à fait raisonnable, voire un peu long quand on sait que les électeurs se décident de plus en plus tard, c'est-à-dire durant les dernières semaines précédant le vote.

*

Gagner une présidentielle puis des législatives n'est jamais écrit d'avance. Jamais. Nous sommes bien placés pour le savoir. L'une des données qu'aucun candidat à la présidentielle ne peut ignorer, c'est qu'il ne gagnera pas seul. Il aura besoin des autres candidats potentiels à ses côtés. Ce rassemblement des présidentiables ne s'opère pas sous la contrainte. Il faut que les esprits mûrissent. Celui des candidats, celui de leurs troupes, celui des militants, celui des cadres du parti et celui des électeurs. Je m'y emploie, patiemment.

À mes nombreux interlocuteurs, j'explique que la détermination ne suffit pas à gagner une présidentielle. Comme toutes les qualités, son excès devient un défaut. Trop de détermination place des œillères et des boules Quies sur les yeux et les oreilles du candidat. Il devient sourd et aveugle au pays. Or, un candidat à la présidentielle doit avoir des convictions solides, tout en étant capable de voir et d'entendre le peuple bouger chaque jour de sa campagne. C'est cette qualité qui fera de lui un bon postulant, mais aussi un bon président.

Les Républicains ne se battent pas pour gagner des élections comme on conquiert un graal. La victoire en 2022 est une étape qui nous permettra de remettre le pays et ses habitants sur la bonne voie. J'aime la France. Je veux la sortir de l'ornière dans laquelle elle est tombée. Emmanuel Macron, issu de la gauche, a fait la démonstration de son incapacité à mettre en œuvre une telle ambition. Marine Le Pen est, de fait, disqualifiée. Plus que jamais, nous devons démontrer notre sens des responsabilités.

Remerciements

Merci à Olivier Lavenka, Cristina Storoni, Jean-François Verdier, Vanessa Wawrzyniak, pour leurs conseils et leurs relectures attentives.

TABLE

Ce livre existe grâce au travail de toute une équipe.

Communication : Caroline Babulle, Sandrine Perrier-Replein, Typhaine Maison, Adélaïde Yvert.

Coordination éditoriale et administrative : Céline Poiteaux, Martine Rivierre.

Studio : Pascaline Bressan, Barbara Cassouto-Lhenry, Joël Renaudat.

Fabrication : Muriel Le Ménez, Céline Ducournau, Bernadette Cristini, Phousa Chantharath, Isabelle Goulhot, Émilie Lapan (Canada).

Correction : Emmanuelle Coppeaux, Valérie Gautheron.

Commercial, relation libraires et marketing : Laetitia Beauvillain, Alexandra Profizi, Élise Iwasinta, Morgane Rissel, Aurélie Scart, Clément Vekeman.

Cessions de droits : Isabelle Votier, Benita Edzard, Lucile Besse, Sonia Guerreiro.

Gestion : Sophie Veisseyre, Chloé Hocquet, Isabelle Déxès, Camille Douin.

Services auteurs : Viviane Ouadenni, Jean-François Rechtman, Catherine Reimbold.

Ressources humaines : Mylène Bourreau.

Juridique : Laëtitia Doré, Anaïs Rebouh, Valérie Robe, Jean-Benoît Vassogne, Julia Crosnier.

Diffusion : Aurélia Spalacci (directrice des ventes), Nadine Eugénie, Céline Pitt, Arnaud Weill, Hervé Adamczyk, Annie Bourgade, Éric Charpentier, Gilles Couillard, Sandrine Ducrocq, Élisabeth Ehlinger, Guillaume Loras, Jean-Philippe Pilloux, Philippe Maulnier, Gilles Torché, Élisabeth Gastaldo, Jean-Pierre Stephany (Belgique), Olivier Béguin (Suisse), Jean Bouchard et Marie-Ève Provost (Canada), Emmanuelle Cadot, Virginie Godet et Caroline Pan.

Ainsi qu'à toutes les équipes d'Interforum et d'Editis qui participent à la création, la diffusion et la distribution de ce livre.

Canoros Vehit Canentes

MIXTE
Papier issu de sources responsables
FSC® C003309

L'éditeur de cet ouvrage s'engage dans une démarche de certification FSC® qui contribue à la préservation des forêts pour les générations futures.

Pour en savoir plus :
www.editis.com/engagement-rse/

CET OUVRAGE
A ÉTÉ ACHEVÉ D'IMPRIMER
SUR ROTO-PAGE
PAR L'IMPRIMERIE FLOCH
À MAYENNE EN SEPTEMBRE 2021

N° d'édition : 62525/01 – N° d'impression : 98928
Imprimé en France